本书为江苏省社会科学基金重点课题（17TQA003）"江苏数字出版产业的创意生产及其产业结构优化升级研究"的阶段性成果。

先进文化传播文库　Xianjin Wenhua Chuanbo Wenku

文化产业动态能力研究
——基于理论及实证

朱　云　著

光明日报出版社

图书在版编目（CIP）数据

文化产业动态能力研究：基于理论及实证 / 朱云著
. --北京：光明日报出版社，2019.11
（先进文化传播文库）
ISBN 978-7-5194-5023-6

Ⅰ.①文… Ⅱ.①朱… Ⅲ.①文化产业—研究—中国
Ⅳ.①G124

中国版本图书馆 CIP 数据核字（2019）第 250790 号

文化产业动态能力研究——基于理论及实证
WENHUA CHANYE DONGTAI NENGLI YANJIU——JIYU LILUN JI SHIZHENG

著　者：朱　云

责任编辑：曹美娜　　　　　　　　责任校对：姚　红
封面设计：中联学林　　　　　　　特约编辑：张　山
责任印制：曹　净

出版发行：光明日报出版社
地　　址：北京市西城区永安路 106 号，100050
电　　话：010-63139890（咨询）　　63131930（邮购）
传　　真：010-63131930
网　　址：http://book.gmw.cn
E-mail：caomeina@gmw.cn
法律顾问：北京德恒律师事务所龚柳方律师
印　　刷：三河市华东印刷有限公司
装　　订：三河市华东印刷有限公司
本书如有破损、缺页、装订错误，请与本社联系调换，电话：010-63131930
开　　本：170mm×240mm
字　　数：221 千字　　　　　　　　印　　张：16
版　　次：2020 年 1 月第 1 版　　　　印　　次：2020 年 1 月第 1 次印刷
书　　号：ISBN 978-7-5194-5023-6
定　　价：95.00 元

自 序

　　随着社会经济的发展，全球化、网络化、信息化浪潮正以锐不可当之势席卷全球，并以前所未有的深度和广度渗透到世界的每一个角落，世界各国文化在此强劲推动下发生着重大变化。正如汤姆森所言："全球化处于现代化的中心地位，文化实践处于全球化的中心地位。"当今世界，文化多样化已成为时代的主流，文化作为一个民族凝聚力和创造力的重要源泉，是一个国家综合实力和软实力的重要体现，而文化产业发展水平是衡量一个国家"软实力"的重要标志之一。

　　"文化产业"概念于 20 世纪三四十年代被提出以后，文化本身所具有的经济意义开始为人们所重视。作为一个新兴的产业门类，文化产业是文化经济化的直接产物，文化产业不仅在经济意义上产生价值，而且能够在产业运营中体现和传播价值观、思想和知识内涵，是有效提高国家软实力的最佳途径，成为世界各国普遍引起高度关注的战略性产业之一。在经济全球化浪潮席卷全球的同时，文化产业的全球化步伐正逐步加快，尤其是发达国家文化产业的发展规模和发展速度惊人，从 2012 年全球文化产业发展形势可以看出，美国、德国、英国、法国、日本五个国家共占据了世界文化产业 65% 的市场份额。而从产业融合的视角观瞻，文化产业呈现的是非单线发展方式，随着文化与经济、科技等相互交融，使得产业边界趋于模糊，文化产业与旅游、信息、制造、商贸、体育、建筑、休闲等相关产业的结合更加紧密，并不断朝向这些产业的产业链高端攀升，对其提升作用日益显著，而以文化内容消费为核心的庞大产业链和文化产业集群正在逐渐形成。

2000年"文化产业"在中央正式文件中首次出现，自此拉开了文化产业建设的序幕，2002年11月，党的十六大报告中使用"文化产业"概念，提出"支持文化产业发展，增强我国文化产业的整体实力和竞争力"。它成为我国文化产业改革、发展的分水岭，标志着我国文化产业开始进入新的发展时期。2009年《文化产业振兴规划》的颁布标志着我国文化产业上升为国家战略性产业。党的十七届六中全会提出了推动社会主义文化大发展大繁荣、建设社会主义文化强国的重大战略任务，提出推动文化产业成为国民经济支柱性产业，我国文化产业再次迎来跨越式发展的全新历史机遇，党的十九大对于文化产业提出"健全现代文化产业体系和市场体系、创新生产经营机制、完善文化经济政策和培养新型文化业态"要求。文化产业在我国社会经济发展中的地位和作用不断得到巩固和加强，发展文化产业已成为时代的需要和历史的必然。我国文化产业起步虽相对较晚，但是经过20多年的培育和建设，现已初具规模，并初步形成了包括新闻出版业、广播影视业、音像业、演出业、娱乐业、艺术培训业、文化旅游业、群众文化业、图书馆业、文物业、博物馆业、会展业、广告业、咨询业、博彩业、竞技体育业、网络业等在内的综合型文化产业体系。2013年，我国文化产业增加值增长15%以上，文化产业已经发展成为我国社会主义市场经济体系中的重要组成部分。然而，从我国文化产业发展的现实来看，无论从其规模、结构还是社会化、产业化程度等方面考量，文化产业虽上升空间巨大，但与发达国家相比，均处于较为明显的弱势状态。另一方面，随着我国经济体制、社会结构、利益格局的深刻变革和调整，尤其是在经济新常态和经济发展方式发生转变的情况下，文化产业的发展模式与路径在悄然改变。因此，我国发展文化产业显得尤为迫切和亟需，而发展文化产业的核心在于提升文化产业动态能力，文化产业动态能力的提升是实现文化产业持续发展和保持竞争优势的动力和来源。

在分析文化产业形成和发展的基础上，本书主要在以下几方面取得了创新。

一是提出了文化产业动态能力理论。文化产业微观主体动态能力是从微观层面对于动态能力的考察，而文化产业动态能力是文化产业微观主体动态能力的集中体现和高级化。本书探索性地将动态能力理论引入文化产业战略研究领域，可以为我国文化产业发展带来探索和借鉴。

二是研究了文化产业动态能力表征及评价体系。依据文化产业的特点，以及文化产业发展所处的动态环境，运用动态能力理论，对于影响文化产业发展的主要动态能力进行审视和规律性研究。认为文化产业动态能力表征主要为学习吸收能力、战略转型能力、资源整合能力、变革创新能力，并在此基础上运用动态能力理论构建文化产业动态能力评价体系，对文化产业动态能力进行定量研究，将定性分析与定量研究有机结合。

三是首次对江苏省文化产业动态能力进行实证研究。本书运用动态能力理论构建文化产业动态能力评价体系，实现了对文化产业动态能力的有效测度，以及实证结果的可视化；不仅为文化产业动态能力的实践应用奠定了基础，而且对于推动产业动态能力研究进一步向量化和科学化方向发展有所贡献。

朱 云

2018 年 5 月于金陵

前　言

　　经济全球化正以锐不可当之势对文化产业产生着深刻影响，使得文化产业在全球发达国家中表现出强劲的发展势头，并成为经济活动的中心。我国文化产业是在我国经济全面融入世界经济体系过程中被逐步认识和提出的，它是伴随着我国社会生产力的发展，以及国民生活水平的不断提高，文化消费和精神消费需求的日益增长而发展起来的新兴产业。经历了20多年的发展历程，我国文化产业逐渐由初始的自发、无序状态，向着产业层面自觉、有序方面迈进，并且已经发展成为我国社会主义市场经济体系中的一个重要组成部分，尤其是面临当前我国经济新常态这一深刻的历史背景，文化产业的发展更是促进我国经济增长的一个重要引擎。然而，与发达国家相比，无论是从文化产业发展规模、结构、市场占有度，还是从社会化、产业化程度等方面考量，我国文化产业均处于较低水平和较为明显的弱势状态。因此，大力发展文化产业，使之成为国民经济支柱性产业是当前及今后一段时期我国国家战略层面的重中之重。

　　文化产业动态能力是文化产业对其整体竞争能力进行整合、构建或者重置，以适应快速变化的外部环境的能力，它反映了文化产业在既定路径和市场约束条件下获取新竞争优势的一种综合能力。本书立足于我国文化产业发展背景和实践，以文化产业动态能力为切入点，梳理文化产业发展规律，探寻文化产业动态能力的理论框架、测量维度和促进文化产业动态能力提升为主要研究内容。在研究过程中采取文献研究法、比较分析法、理论研究与实证研究相结合、定性分析与定量分析相结合等多种研究方法，结合国内外研究成果，以动态能力理论为基础，从文化产业动态能力影响因素及其表征入手，构建文化产业动态能力评价体系并进行实证分析。从起源上来看，动态能力理论是欧美企业管理领域中新兴的一种理论，重点关注战略管理能力与竞争优势培育之间的相互关联，并且着重探讨竞争优势培育过程中的动态能力作用，该理论通常用来解释组织面对波动的环境而变化的能力，立足演化经济学理论、资源基础理论和企业能力理论，是在此基础上的不断发展与演进。总体来说，动态能力理论更加关注在瞬息万变的商业环境中竞争优势的保持和核心资源的培育。本书基于这一研究脉络，首先对文化产业动态能力的内涵进行界定；其次分析了文化产业动态能力的影响因素和关键维度，进而明确了动态能力理论运用于文化产业的可行性与必要性；然后运用动态能力理论构建文化产业动态能力评价体系，选择和确定文化产业动态能力指标体系及模型；最后选择一个具体地区——江苏省为研究案例，分析并论证各指标体系和评价模型的有效性和可行性。

本书在具体研究过程中首次提出了文化产业动态能力概念，并对文化产业动态能力进行审视和规律性探索，如对文化产业动态能力的内涵、特征和作用机制等进行深入阐释和廓清；分析文化产业动态能力的影响因素，认为文化产业动态能力受到文化产业相关政策的驱动性、经济环境的兼容性、人口因素的拉动性、产学研合作的协同性以及产业融合的交融性等方面因素影响；提出文化产业动态能力表征，即文化产业动态能力表征主要聚焦于学习吸收能力、战略转型能力、资源整合能力和变革创新能力四个关键维度，在此基础上运用动态能力理论构建文化产业动态能力评价体系；在对多指标综合评价方法对比基础上，运用因子分析法构建了文化产业动态能力评价模型；选择江苏省作为研究案例，因为江苏省作为文化强省、经济强省，其区域文化产业发展对于全国具有一定的示范性和引导性，所以本书对该省进行文化产业动态能力实证研究，利用耦合协调度研判江苏省文化产业发展过程中文化产业动态能力与江苏省经济发展的耦合协调关系，分析江苏省文化产业发展规模和速度、结构与效益，以及文化产业动态能力影响因素，对江苏省内文化产业动态能力进行评测，并对生成的结果进行了深度分析，为提升江苏省文化产业整体动态能力以及江苏省内苏南、苏中、苏北三大区域文化产业动态能力提出了具有针对性和可行性的政策建议。而对于宏观领域而言，随着我国经济体制、社会结构、利益格局的深刻变革和调整，尤其是在经济新常态和经济发展方式发生转变的情况下，文化产业组织的发展无疑面临着新的产业化发展模式与路径的选择。故本书既是将动态能力理论运用于文化产业研究中的创新，也是对于文化产业理论的进一步丰富和深化，它有助于为变化发展中的中国文化产业提供一种新的理论支撑与实践指导。

目 录
CONTENTS

第一章

绪 论

第一节　研究背景及问题的提出

一、问题的提出

伴随着数字技术、网络技术及移动通信技术的高速发展和广泛普及，在大数据、移动互联、社交媒体等新兴技术驱动下，文化产业新业态不断涌现，文化产业新旧业态之间呈现出彼此不断调整和并行发展的格局，无论是在资源整合、结构调整，还是产业形态创新发展，以及在内容需求、发展方式上的重大变化，都昭示着文化产业发展步不断加快。与此同时，我国文化市场正在逐步走向成熟和完善，文化产业规模化、品牌化在满足人民群众精神文化需求、提高人民群众整体素质方面起到不可替代的重要作用，同时它又给文化产业自身"内源性"需求的扩大带来理想的社会效益和经济效果。我国文化产业虽然起步较晚，市场不够健全，但是我国所拥有的灿若星河的历史文化资源是举世无双的，是我们发展文化产业的基础和优势所在。经历了近 20 年的发展历程，我国文化产业已经成为社会主义市场经济体系中的一个重要组成部分。尽管现在文化产业占整个国民经济的比重并不高，但文化产业的发展速度快，文化产业正崛起成为经济发展的新动能。从近年来我国文化产业发展态势中可以看到，文化产业的边界逐渐模糊，文化产业内部各细分行业之间的分工界限也在逐渐消弭，其表现为：一些大型文化企业在资金、技术、经营组织方式等方面进行跨地区、跨行业、跨所有制的并购或联合重组，这些并购与重组举措有助于文化产业集中度的提高和规模经济的产生；文化产业更加注重优化与拓展产业链，注重与相关产业融合，并在融合过程中朝向各相关联产业的产业链高端攀升以及进行衍生品开发，使得原有的竞争领域和竞争格局正在发生着悄然改变，文化产业与其他相关联产业更加紧密地结合，文化要素与其他生产、运营方式更加紧密地交融；行业界限越来越模糊，文化产业内部行业壁垒逐步被打破，呈现出文化产业内部行业之间的互促共进、发展和共赢；科技对文化产业的支撑作用也日益凸显，科技创新促进文化内容和载体的传承与更迭，推动着文化产业不断从低端向高端升级，并催生出新的文化业态和新的生产方式。

然而，就总体而言，我国文化产业整体实力较之于我国经济、政治、军事在世界上的影响力和作用力而言还很不匹配。我国文化产业尚处于初级阶段，当下我国文化产业的发展规模、结构、市场占有度，以及社会化、产业化程度等与发达国家相比，均处于较低水平和较为明显的弱势状态。比如我国文化产业在当今世界文化产业发展中所处地位，尤其是从中国文化产业在世界范围的传播力、影响力和竞争力，以及创意引领层面的作用方面来衡量，其表现平平，这些从中国文化影响力指数在世界排名的情况中可略见一斑。我国文化产业在全球价值链中尚处在中低端的环节，产业化层次较低，创新能力较弱且受制于人，在国际文化市场上较难获得竞争优势。况且，我国文化产业体系尚处于不断建立的摸索阶段，文化产业的发展动力还存在着"结构性失衡"、产业内部格局呈现出"偏态化过剩"与"结构性空洞"，以及在介入国际市场中所反映出来的文化产业自身的竞争力不足等问题。当下，如何提升我国文化产业动态能力，实现文化产业的快速发展需要面对以下几个方面的挑战。

①国际分工的挑战。在西方发达国家中，文化产业已经成为其国民经济的支柱产业，而且这些国家在全球文化产业领域占有巨大的优势，已经形成覆盖全球的生产能力和市场推广系统。凭借高科技的支持，以及文化产业方面的资源、结构、竞争能力、国际化程度等方面的较高基础和优势，一些发达国家以影视传媒、视听出版、演艺娱乐、旅游、会展服务等为基础产品的文化产业，已经占到这些国家 GDP 的 2/3，甚至达到 3/4，而其他一些国家正在纷纷大力发展文化产业，并将文化产业朝着本国的支柱产业方向发展；加之，西方大型文化企业凭借其雄厚的财力、超强的研发能力和国际市场营销能力，对我国的文化产业构成严重威胁，挤压着我们的生存空间。在面对如此激烈的世界竞争面前，我国文化产业又该怎样着力发挥后发优势，尽快完成文化产业的转型升级，在国际文化市场上赢得重要地位？

②文化产业要素优化的挑战。文化产业作为一种现代经济活动，提供的是以文化价值为核心商品和劳务，与其他产业相似，除必需的劳动工具、劳动对象、劳动者三大要素，以及在物流、资金流、信息流方面达到动态平衡以外，还需要在智能要素、管理要素、创新要素等方面提出更高的优化要求。换言之，如何实现文化产业优势要素的合理配置和优化组合？怎样将文化中可以转化为经济利润的要素、因子等，通过现代经济行为的方式，转化为文化产品和文化服务，从而提升文化产业的

整体效益?

③产业结构升级的挑战。我国文化产业是在经济结构进行战略性调整和战略转型中提出来的,由于产业界限的打破,文化产业利用其处于产业链高端的优势,重新组织生产和销售流程,并重塑产业结构。文化产业的发展对传统产业结构的演变和高级化升级发挥着积极作用。随着我国经济体制、社会结构、利益格局的深刻变革和调整,以及人们思想观念的深刻变化,尤其是在经济新常态和经济发展方式发生转变的情况下,文化产业组织的发展又面临着怎样的产业化发展模式与路径的选择?

此外,在文化消费需求上,全社会需要健康有益的文化产品和服务,从而引领社会正确的价值取向,促进社会和谐和稳定。因此,大力发展文化产业,成为当前及今后一段时期我国国家战略层面的重中之重,也是我国繁荣振兴强国梦的题中应有之要义。

另外,我国文化产业是在各方面都没有做好相应准备的情况下就承担起了国家发展战略转移的历史重任,其理论准备不足则成为文化产业发展战略准备不足的特点之一。而对于文化产业发展战略的研究需要进行较为深入的理论分析和寻求新的理论支持。本书提出:对于已经取得了初步竞争优势的我国文化产业而言,运用动态能力理论,研究提升我国文化产业动态能力问题,从而更好地实现我国文化产业快速发展作为本研究的价值取向,它也是当前我国文化产业发展中尤为迫切和必要的研究需要之所在。本书认为:文化产业动态能力对于一个国家、一个地区的凝聚力、核心价值观与社会伦理、文化普及与辐射、国际影响等方面发挥着重要的影响和特殊的作用。文化产业动态能力决定着文化产业发展中动力问题的解决,易言之,文化产业动态能力的提升将决定着文化产业的发展后劲。因此,本书基于文化产业动态能力理论的视角,在学者们前期研究的基础上，沿袭动态能力理论的研究脉络，探寻影响我国文化产业发展的主要动态能力因素，以及针对如何构建文化产业动态能力评价体系展开研究。并在深刻认识和分析中国文化产业发展的现实基础和总体趋势的基础上，立足于本土化的文化产业发展实际，以江苏省文化产业动态能力为研究案例，研究如何提高文化产业动态能力，促进文化产业的快速发展。

二、研究背景

党的十九大报告提出：要深化供给侧结构性改革，加快发展各行各业数据经济，推动互联网、大数据、人工智能和实体经济深度融合，发展数据共享经济，培育新增长点，形成新动能。文化产业有着"无烟产业""朝阳产业"的美誉，20 世纪 90 年代以来，文化产业凭借其关联性广、创新性强、发展潜力大等特点，在全球发达国家中表现出强劲的发展势头，并成为重点发展的战略性产业和提高国家文化软实力的重要途径，发展文化产业也是我国社会经济发展培育新增长点、形成新动能之所在。

纵观世界经济发展历程，其间经过了一个文化与产业不断接近，进而融合或部分重合的过程，新技术革命无论是在发展形态和创新力方面又给文化产业的发展带来了巨大的机遇。正是在这样的时代背景下，文化产业与一系列相关产业关联度越来越高，它不再固守着单一的产业边界，也可以说文化产业的边界越来越模糊，尤其是文化创意和设计服务与相关产业融合正在成为发展的潮流，并为世界经济发展带来新的希望；另一方面，作为产业背景下的文化产业有其特有的文化属性，它与政治、经济和科技的内在关系也正在逐步深化，相互融合渗透不断加深，进而推动着以文化资源为基础、以创新为发展动力、以科技文化和人才为重要生产要素的文化经济的形成。经济中的文化含量和文化中的经济社会穿透力不断提高，文化已成为经济发展的重要资源，而文化的经济功能又需要在很大程度上通过文化产业来实现。文化产业有着自己独特的产品生产方式，其文化产品的生产和文化服务由原先小规模、孤立、分散的经营状态，转变为分工协作的批量化、大规模生产方式是其重要特征。因而，文化产业的出现，标志着"文化经济"这一新的经济类型和新的经济发展模式的诞生，从此，"文化产业"开始进入国家经济发展的视野。在西方发达国家中，文化产业已经成为这些国家国民经济的支柱产业，在其发展文化产业的同时，由于文化产业所创造的巨大的品牌效应、经济规模和利润空间又为这些国家增添了无穷的魅力。以美国为例，好莱坞的电影、迪斯尼乐园、环球嘉年华主题公园等这些令我们耳熟能详、堪称巨无霸式的美国文化产品，已经全面进军国际文化市场，美国文化的影响力、辐射力，和美国国家软实力得以极大提升。如今，世界上大部分国家都将文化产业发展战略上升为国家发展战略，由此，文化产业的发展与国家经济建设同步，已经成为世界潮流。

我国文化产业是在其经济全面融入世界经济体系过程中逐步认识和提出的，它顺应了社会生产力发展的必然要求，而文化产业的发展又有着自身独特的本土化发展逻辑，文化产业作为社会主义市场经济条件下的具体产业实践，探索出了一条具有中国特色的社会主义文化产业发展道路，就是将文化产业与文化事业一道作为文化建设的有机组成部分，成为体现社会主义国家本质的具体实践方式，成为提高国家文化软实力，树立文化大国和中华文明国际形象的基础。这从我国文化产业发展的国家战略层面可以明鉴之。1994—2003 年是我国文化产业酝酿探索的起步阶段，2002 年，党的十六大提出了将文化事业和文化产业相区分开来这一历史命题，即采取了"两分法"，将公益性的文化事业与经营性的文化产业加以区分，并提出文化事业是文化产业的源泉，而文化产业又是文化事业的基础，以文化产业来反哺文化事业。2003 年，我国启动了文化体制改革试点工作，使得我国文化产业朝着更加科学化、规范化和系统化的方向迈进。2009 年，我国政府发布《文化产业振兴规划》，标志着文化产业已经完成了从传统文化行业到新兴产业部门的转型，提出应该把文化产业作为经济发展方式转变的重要立足点之一，并上升为国家战略性产业。2012 年，中共十八大召开，提出文化强国目标。2017 年，中共十九大对于文化产业提出"健全现代文化产业体系和市场体系、创新生产经营机制、完善文化经济政策和培养新型文化业态"要求。文化产业是促进文化发展与繁荣的载体，经过 20 多年的培育和发展，我国文化产业发展生机勃勃，对于国民经济的贡献率不断上升，据国家统计局公布的数据显示：2014 年我国文化及相关产业增加值达 23940 亿元，比上年增长 12.1%（未扣除价格因素），占 GDP 的比重为 3.76%，比上年提高 0.13 个百分点。文化产业在稳增长、调结构中发挥了积极作用，其关联效应不断增强，对其他产业拉动作用巨大；新兴文化产业迅速兴起，拓宽了文化产业的领域；文化产业专业化、集聚化、规模化日益显现，为文化产业的进一步发展增添后劲。实践证明，我国文化产业已经成为 21 世纪发展最快的朝阳产业之一，它与信息产业并称为 21 世纪的两大新兴支柱产业，并且在区域国际分工及经济社会的可持续发展中具有更为重要的战略先导地位。

随着全球化进程的不断深入，数字技术、网络技术和移动通信技术的高速发展和广泛普及，国际文化产业竞争态势正进一步加剧，正是在这样的历史背景下，我国政府提出进一步繁荣和发展文化产业的战略要求，由此，我国文化产业格局将发生着深刻和历史性的变化。当下着力提升我国文化产业动态能力，进一步促进我国文化产业发展有着重要的意义。第一，从经济发展来看，文化产业在我国经济发展格局中的地位和战略价值日趋重要。文化产业不仅能够提供精神动力和文化条件，而且也是我国经济发展的一个重要增长点，这是因为它在为我国社会带来可观的经济效益、社会效益的同时，能够更好地开辟我国经济发展的新途径、新空间，成为我国转变经济发展方式的重要途径和突破口，对于其他产业而言文化产业具有很强的带动和提升作用，是推动产业结构转型、优化和升级的重要支点，尤其是对于深入实施产业优化升级，培育发展战略性新兴产业，加快发展现代服务业，改造提升传统产业的作用彰显。此外，文化产业又是最具有可持续发展能力的产业，文化产业投入的主要是知识和智慧，产出的是文化内容，因而其资源在利用过程中会不断增加，最符合"资源节约型、环境友好型"发展要求。文化产业的产品更多的是与艺术和文化内容相连接的，而且在产业化过程中资源的消耗以及对环境的污染都比较少，科技含量较高，开发价值较大，故对建设资源节约型、环境友好型社会的作用日益凸显。第二，从思想文化建设来看，伴随着我国社会生产力的发展，国民生活水平的不断提高，文化消费和精神消费需求的逐渐增长更加需要通过发展文化产业，为大众提供更多更好的精神产品，更加广泛地传播先进思想、引领前进方向，彰显社会主义核心价值观，不断提高人们的精神素质和精神境界，而加快文化产业发展更是推动文化大发展大繁荣的突破口。第三，从我国供给侧结构性改革来看，近年来，我国经济增长下行压力增大，外需下滑，内需乏力，且表现在消费领域较为明显的供需错配。在现有产业中，文化产品和服务的供给，远远满足不了消费者日益增长的文化需求，特别是缺乏从产品功能体验、情感交流逐步上升到品牌认知、文化归属等方面的涵育。因而，"释放新需求，创造新供给"，迫切需要文化产业能力提升和文化产业结构的优化与升级。第四，从增强国家软实力来看，一个强大的国家，不仅需要经济、军事、科技等强大的硬实力，而且也需要文化、外交、制度等方面的软实力。发展文化产业是提高国家软实力的重要途径，即国家软实力的提升必须借助于我国文化产业整体竞争力和能力水平的提高来实现。我国政府提出了文化产业成为国民经济支柱性产业，在文化领域建成社会主义文化强国，文化生产力高度发达，文化软实力强大的发展目标，赋予了文化产业发展的美好愿景。此外，我国文化产业发展，也需要培育有竞争力的文化产业组织，打造有中国特色的文化品牌，扩大国家文化市场份额，提升中华文化的亲和力、影响力和传播力，从而真正实现国家软实力的提升。

总之，无论是从我国经济发展、思想文化建设，还是我国的供给侧结构性改革以及增强国家软实力等方面衡量，文化产业在我国国民经济中的地位和战略价值都十分显著，实现文化产业跨越式发展需要新动力，文化产业动态能力正是驱动文化产业发展的动力和引擎。

三、研究目的与意义

20 世纪早期，经济学家熊彼特在其著作《经济发展理论》中，提出对现有竞争力进行创造性破坏以及创新型竞争的思想（Schumpeter，1934）。1997 年，Teece 与 Pisano 两位学者首次提出"动态能力"概念，将动态能力看作是公司应对市场环境持续变化的情况所创造的新产品和新流程等，是一系列竞争力和能力的子集（Teece & Pisano，1994）。在资源基础理论、企业能力理论以及演化经济学基础上，动态能力理论认为，在快速变化的世界性竞争环境中，企业需要独特的难以复制的动态能力和知识资产，从而解决战略性资源的易扩散性和核心能力刚性问题。两位学者的贡献在于系统地提出动态能力的理论框架，这一理论的提出为探索公司竞争优势的来源问题提供了一个新的独特视角，这无疑对于变化发展中的中国文化产业来说提供了理论支撑与实践指导。

文化产业正日益成为中国经济新常态下发展的一个重要引擎。经过了十多年的发展，我国文化产业已经取得了长足的进步。但是，我们应当清醒地认识到，与世界上其他文化产业大国相比，我国的文化产业发展水平与我国作为第二大经济国的地位相比还十分不相称。我国文化产业自身需要从原先的粗放型发展方式尽快向内涵、效益型发展方式转变，提升应变能力和发展能力，实现产业结构调整和战略转型。此外，大数据、互联网、移动通信技术等又使得文化产业的竞争环境发生着重大变革，加之，一些新的竞争规制、经济规律和经济效应不断出现，构成了新的文化产业竞争环境。不仅如此，这种新的文化产业竞争环境往往又呈现出更为强劲的动态特征。在如此复杂的动态环境下，我国文化产业不仅需要不断发现、创造新的市场机会，将产业组织外部环境的变化与组织内部的资源配置和核心能力有机衔接，而且更加需要具备学习吸收能力、资源整合能力、战略转型能力和变革创新能力等动态能力，以及这些动态能力的协同和共振。动态能力提升的过程对于文化产业来说是周而复始、循环往复不断进行的。因此，我国文化产业动态能力是基于动态变化过程中得以不断提升的，即文化产业一定阶段的发展目标达到以后，文化产业需要重新寻找新的创新机会和战略目标，面对新的发展周期再发挥和提升其动态能力，从而实现文化产业持续的竞争优势。

本书研究的主要目的是以动态能力理论为基础，阐释影响文化产业动态能力的要素，立足动态能力的机理作用与文化产业发展的体认结合，构建文化产业动态能力评价体系，对涵育和发展我国文化产业，提升文化产业发展能力展开研究。本书将在系统总结前人对于文化产业和产业动态能力相关研究成果的基础上，提出影响文化产业动态能力的主要因素，并逐一加以分析，进而从四个关键维度阐明文化产业动态能力表征，构建文化产业动态能力评价体系，通过因子分析法，对文化产业进行综合评价，将定性与定量方法有机结合，为我国文化产业发展提供一条新的研究思路。

本书选择江苏省为研究案例，进行文化产业动态能力实证研究，因为江苏省是文化强省、经济强省，其区域文化产业发展对于全国而言，具有一定的示范性和引导性，若基于量化数据详细分析，可进一步研究揭示与探寻江苏省整体及江苏省所属区域内苏南、苏中、苏北文化产业发展战略与路径。研究结论对于江苏省乃至全国文化产业动态能力的提升将有所启发和提供借鉴，并希冀为我国文化产业发展提供新的理论支撑。总之，文化产业动态能力的研究具有理论价值和实践意义，一方面，本书的研究是动态能力理论在文化产业领域的进一步丰富，另一方面，本书的研究对于我国文化产业转型升级具有重要的实践指导意义。

第二节　国内外研究综述

立足本书的研究对象，梳理相应的文献资料，寻觅其中的关键问题、研究重点和研究不足，从中获取研究的创新方向。遵循这一思路，围绕文化产业动态能力这一主题，深入剖析文化产业概念及相关理论研究的现状和问题，通过研阅已有研究的文献资料，了解掌握动态能力和产业动态能力的内涵、影响因素和评价体系等此领域内的研究趋向，并在前人研究基础上，构建起对于文化产业动态能力的研究框架、研究思路以及创新趋向。

一、国内外文化产业研究

文化产业在学术界一直是一个极其富有生成力的概念。下面本书将进入更加微观的层面，回顾学者们对于文化产业概念及相关理论的探讨。

1. 国外文化产业研究

关于文化产业概念问题，国外学术界的研究较早，可以追溯至 20 世纪上半叶，其中大多数相关研究主要是从文化学或文化社会学的视角展开的。后来，伴随着各类国际文化事务方面的文件发布，形成了各具特色的概念界定和差异显著的概念侧重点。"文化产业"这一概念最初出现在法兰克福学派（德国）的阿多诺（Theodor Adono）和霍克海默（Max Horkheimer）1947 年合著的《启蒙辩证法》一书之中，起源于他们对"大众文化"的争议和批判。它的英语名称为"Culture Industry"（直译为"文化工业"）。法兰克福学派从现代工业生产的视角，首开了运用经济学方法对于文化产业进行研究的先河。法兰克福学派认为，文化产品是凭借着现代科学技术手段，在工业化生产过程中，通过标准化、规格化的方式批量生产出来，再以大众传播媒介的方式如广播、报纸、杂志、电影和电视等进行传播，以及传递给消费者，是统治者借以统治社会的控制工具。自从阿多诺和霍克海默把"文化工业"纳入研究范畴以来，他们的传统观点被文化产业这一新兴学科所取代。此后，对于这种新型的文化发展形态和文化现象，人们投以关注和展开研究已历时半个多世纪，世界范围内众多的学者从不同的角度就文化产业的学理方面展开了深入的讨论与研究，继而在文化产业理论体系中，逐渐形成了被学界称之为伯明翰学派（又称"英国文化学派"），以及以美国为代表的，标志着当今世界文化产业理论研究新方向的西方应用文化产业理论等。如，澳大利亚麦觉里大学教授大卫·索斯比（2001）认为文化产业是"在其生产过程中包含创造性，拥有着一定程度的知识产权，最终能够体现这些特征的文化产品和服务"。20世纪80年代，日本学者日下公人从经济学理论出发，将文化产业定义阐释为：文化产业的目的就是创造一种文化符号，然后销售这种文化和文化符号。由此可以看出，文化产业既体现了文化与经济的结合，也体现了哲学、心理学与经济学的结合。

世界上不同的国家从其不同角度出发，侧重于文化产业的某一环节、某一发展阶段等，对于文化产业有着不同的阐释。然而，时至今日，国际上并未形成一个统一、权威、标准的定义，而世界各国对于文化产业的官方界定和行业标准也存在着明显的差异。联合国教科文组织在其定义中提到"按照工业标准生产、再生产、储存以及分配文化产品和服务的一系列活动"。我们可以将该定义理解为通过工业化方式所进行的相关文化产品生产和文化服务活动。英国政府则称之为创意产业，指为"那些出自于个人的创造性、技能及其智慧，以及对于知识产权的开发生产等，所创造出现实的和潜在的财富，并且有助于增加就业机会的活动"。此后，这一概念及定义被许多国家和地区沿用。美国文化产业的概念源自于"Culture Industry"的翻译而生成，文化产业是指通过工业化和商品化方式进行的文化产品和文化服务的生产、交换和传播。文化产业是生产文化产品和提供文化服务的行业，以满足人们的精神需求为主要目标。

澳大利亚将从事文化和休闲活动为目的的行业、产品和服务归为文化和休闲产业。欧盟将"文化产业"称为"内容产业"。在其《欧盟信息社会2000计划》中提出了"内容产业"的概念。根据欧盟对于内容产业的定义，内容产业是指"制造、开发、包装和销售信息产品及其服务的产业"，它包括各种媒介上所传播的印刷品内容、音像电子出版物内容、音像传播内容和用作消费的各种数字化软件。

1998 年，经合组织《作为新增长产业的内容》专题报告把内容产业界定为"由主要生产内容的信息和娱乐业所提供的新型服务产业"，具体包括出版和印刷、音乐和电影、广播和影视传播等产业部门。

加拿大对文化产业做了如下概述：文化产业包括以国家社会、经济及文化为主题的出版、广播、电影、电视、图书、杂志、音像等在内的印刷、生产、制作、广告及发行；包括表演艺术、视觉艺术、博物馆、图书馆、档案馆、书店、文具用品商店、信息网络、多媒体等在内的服务。

韩国的文化产业被定义为"内容产业"，如"网络内容产业""手机内容产业"等。

综上所述，尽管各国和国际组织对于文化产业的定义和界定范围不尽相同，但是都具有其共识和互通性，都是强调创造性、文化性和经济价值性，并且普遍认识到发展文化产业的重要性，并在国家战略层面致力于大力发展文化产业。

20 世纪 70 年代后，国外学术界对文化产业的研究逐渐转向经济学，涉及文化产业组织、结构和布局等方面的研究。例如，MAS - Cofell 最早将传统贸易理论引入到文化贸易领域的研究；Schulze 等将新国际贸易理论引入到文化产品的贸易中，对文化产品的国际贸易的成因、机制进行了重新的解读和诠释。20 世纪 90 年代之后，国外学术界则将研究视角聚集于文化产业集群、竞争力，以及文化产业政策、发展战略等方面。例如，美国学者 Frank 发现文化产品的生产大多聚集于某个地理区域；日本学者日下公人（1989）认为，文化产业在自身获得高额利润的同时对重型工业等其他非文化产业领域产生重大的影响；雷蒙－威廉斯（1984）将文化产业政策划分为展示国家形象的文化政策和文化调控、赞助和协商政策；查尔斯－兰蒂（2006）认为，文化产业的发展要与城市建设结合起来，通过挖掘当地文化资源，把文化创新、民族特色、城市生态环境和社会需求融为一体。

2. 国内文化产业研究

我国对文化产业的研究起步较晚，直到 20 世纪 90 年代才开始对文化产业理论进行探索和研究。进入 21 世纪后，国内学者关于文化产业的研究不断增多，已经形成了较为完备的文化产业研究体系。我国关于文化产业的最早官方界定，是于 2003 年由文化部（现文化和旅游部）提出的，其界定为"文化产业是指从事文化生产和提供文化服务的经营性行业"。2004 年国家统计局依据《国民经济行业分类》（GB/T4754 – 2002），制定了《文化及相关产业分类》，首次对于我国文化及相关产业的活动进行了比较明确的界定，明确了文化产业的定义"为社会公众提供文化、娱乐产品和服务的活动，以及与这些活动有关联的活动的集合"，按此分类原则，将文化产业的范围划分为：文化产业核心层、文化产业外围层及文化产业相关层，共九个大类。从此，我国文化产业作为一个国民经济的行业，在全国范围内按照上述分类为基础的文化产业统计工作由此展开，首开我国文化产业发展的历史篇章，也为这一特定历史时期反映我国文化产业的发展状况、进行文化体制改革和文化产业发展的宏观决策提供了重要的基础信息。

我国文化产业经过了 7—8 年的产业实践，在其发展中又不断涌现出新情况、新变化，而原有的《文化及相关产业分类》存在着一定的局限性，不能较全面地反映出我国文化产业发展的实际状况。为了适应新的发展需要，2012 年我国国家统计局针对 2004 年文化产业分类进行了进一步的修订和完善，即将文化及相关产业的定义表述为"为社会公众提供文化产品和文化相关产品的生产活动的集合",并将文化产业从行业门类上,分为文化产品的生产和文化相关产品的生产两大部分,涉及 10 个类别,123 个具体细分行业。由此可以看出,这一定义是从内涵上界定了文化产品的生产活动范围,又从外延上对于文化相关产品的生产活动做出了解释,与 2004 年的《文化及相关产业分类》相比,在具体内涵上和统计口径上都发生了一些变化。

从国内文化产业研究的历史脉络看,1992—2002 年学术研究成果相对较少;2002—2009 年,在文化体制改革的背景下更多学者参与关注,研究成果渐具规模;2009 年至今,伴随着文化产业振兴规划的发布,文化产业研究领域欣欣向荣,大规模、高质量的成果随之而来。从国内文化产业研究者群体特征来看,最初研究文化产业的主要是文化管理机构的官员,随着我国文化产业政策在导向上的逐渐宽松和文化产业市场规模的渐具成形,专业研究人员开始参与其中,从而带动了更加多元视角的文化产业研究活动。从国内文化产业研究方法来看,前期表现为定性研究多而定量研究少,研究大多停留在对于某一文化产业领域的评判和分析,而其评判的依据则主要为个别数据和案例。借助于一定的理论工具对于相关数据或案例进行全面分析,从而得出文化产业相关量化结果的研究相对较少。尤其是理论分析较多,且以单学科研究为主,而实证研究和跨学科研究较少。随着文化产业研究问题的深入和具体,研究方法越来越倾向于量化分析,更多具备数据支持的问题和观点涌现出来。从国内文化产业研究的问题来看,起初研究者们主要集中于关注宏观层面的整体问题研究和国外层面的经验研究,现在越来越多的学者开始关注中观层面的区域研究和微观层面的案例研究,通过结合国内政治、经济制度的实际,更加深入地研究文化产业产生和发展的基础理论和基础问题,进而提出更多具有针对性和可操作性的政策建议。

二、动态能力和产业动态能力

动态能力理论是欧美企业管理领域中新兴的一种理论，重点关注战略管理能力与竞争优势培育之间的相互关联，并且着重探讨竞争优势培育过程中的动态能力作用。该理论，通常用来解释组织面对波动的环境而变化的能力（Eisenhardt & Martin，2000）。立足演化经济学理论、资源基础理论和企业能力理论，动态能力理论更加关注在瞬息万变的商业环境中竞争优势保持和核心资源培育。

1. 动态能力研究的发展演变

1959 年，潘罗斯所著的《企业增长理论》是现代经济学中对企业组织的探讨起源，其中潘罗斯将企业界定为"由行政管理控制并有一定边界的资源集合体"，而内部资源是企业的增长来源。潘罗斯启迪了后来学者对企业的思考，理查德森在 1972 年的《工业组织》中提出"企业能力"的学说，指企业的知识、经验和技能。而演化经济理论（Nelson & Winter，1982）则具体阐述了企业能力产生和发展的机制，将企业的组织结构看作是一个知识集成的体系，培育和储存企业在发展中获得的新的经验和能力，并不断发展这种学习和吸纳的能力。演化经济研究视角，侧重于将能力和资源看作是一种集合体，认为能力即是资源，资源即是能力，重点研究如何培育和发展企业的竞争能力和竞争资源。

尽管由"资源观"和"能力观"为基础形成的核心能力理论在战略管理研究中被广泛使用，但是由于来自外部竞争环境的变化，核心能力理论遭到一些学者的批评。因而，基于资源观基础，作为该理论继承和发展的动态能力理论（dynamic capabilities perspective，DCP）逐步形成，并得以快速发展。Teece 在其论文《动态能力与战略管理》一文中第一次明确提出"动态能力"这一概念，并提出动态能力的研究框架。在这个框架中，Teece 的贡献有两点：第一，认识到了企业资源和能力培育的动态性，强调企业应该主动适应市场竞争态势和条件，不断提升自身竞争优势和核心能力；第二，认识到了"能力"和"资源"的重要性，强调整合企业内外部资源类别，推动自身资源规模的壮大和博弈能力的增强。他认为，需要特别注重技能、经验、知识等稀缺性资源的培育和占有，并以此形成独特的竞争优势。他还强调了培育动态能力的重要着力点在于组织内部、发展阶段和发展方向三个环节。此后，诸多学者从其内涵深化，如，苏巴·纳拉希姆哈（P. N. Subba Narasimha，2001）认为，动态能力就是组织知识的一种特殊属性，该属性体现为应付动荡环境的变革能力，佐罗和温特（M. Zollo and Sidney Winter，2002）则将动态能力理解为通过组织学习所获得的一个相对稳定的集体行为模式。还有学者从内在机理（C. Zott，2003；G. Verona and D. Ravasi，2003）、影响因素（A. King and C. E. Helfat，2003；L. P. Wooten and P. Crane，2004）等方面展开了研究。"动态能力"战略观虽是目前的前沿理论，但尚未成熟，知识、资源和能力的内生创造是其主要研究点。宏观来看，经验性研究已成为该理论前沿学者们的一个转移点，即通过详细案例的解析来验证知识与资源等和企业绩效之间是否形成因果关系。缘于信息经济和全球化经营的环境革新和发展趋势，动态能力理论研究的重要性日益凸显，成为在诡异多变的现代经济环境下企业如何保持和发展核心竞争优势的重要立足点，甚至其理论解释体系将逐渐替代波特的竞争优势模型。

2. 对动态能力概念理解上存在分歧

近年来，许多学者也进行了动态能力的研究，但基本停留在对概念的探讨，而各家观点并不一致。例如，Eisenhardt 和 Martin（2000）将动态能力视作一种可识别的特殊过程，如生产产品、制定决策战略、实施联盟等一系列活动；而 Yadong Luo（2000）认为动态能力是企业为实现国际化持续经营的目标，创造、积累和提升能够带来经济回报的独特能力；Subba 和 Narasimha（2001）提出动态能力理论意义类似于生物免疫抗体的作用，多元的动态能力技能有利于在复杂多变的环境挑战中获取生存优势；董俊武（2004）认为，动态能力的培育与企业竞争优势的获得之间存在着正相关关系。对以上几种概念的不同阐述反映出学者对动态能力的理解存在差异，说明动态能力理论研究尚处于基础阶段，基础概念尚未清晰厘清和界定。即使是这样，研究者还是在一些方面达成了初步共识，知识和经验对于动态能力的决定性意义以及探索上讲意识和科学学习机制促进着动态能力的发展是大家的共识。需要指出的是，截至目前，关于动态能力的概念还没有一个被普遍认可的标准，在本书的研究中，沿用原创者 Teece（1997）对其的定义，以此作为讨论问题的基础。

3. 产业动态能力研究

产业动态能力研究，就是要不仅研究企业层面的动态能力，而且要把将产业网络作为一个组织系统，聚焦于那些能够促使产业内企业更长效地协作、更利于区域内相关的产业网络动态能力的提升。根据资源基础理论，某一区域内产业的动态能力，在于特定区域内产业内部特异的、难以模仿的资源和能力。Winter（2002）将产业组织能力分为产业静态能力和产业动态能力。产业静态能力是产业组织短期内获得生存的能力；产业动态能力是扩展、改变或创作静态能力的能力。Eisenhardt 和 Martin（2000）又进一步把产业动态能力理解为特定区域内产业组织获取和释放资源、重新配置资源、整合资源的过程和手段。

产业动态能力理论的基本假设是产业的动态能力能够使其适应环境

的变化，从而达到产业获得持久竞争优势的目的。郭立新（2008）认为，产业动态能力是一个并不孤立且不断进化的复杂系统，构成要素是知识、资源、过程，目的是不断创造新需求和新价值。吴结兵曾经立足产业动态能力理论视角研究产业集群竞争优势，其将产业集群作为一个整体来考察和分析，肯定产业资源对于产业动态能力的价值和意义，认为产业需要积极地吸纳内外部资源，形成独特的自身经验优势，并将此经验运用到对于产品和服务的供给中去。他认为，产业层面的动态能力，具体可以细化为资源获取、资源配置和资源整合等能力。郭南芸（2009）认为，产业动态能力是产业内利益共同体的动态能力，利益共同体筛选和吸收一些动态经验和知识，并通过对这些经验和知识的整合性开发和利用，创造性地培育利益共同体的竞争优势和竞争能力。同样，她也将产业动态能力划分为资源获取、资源配置和资源整合等能力类型。

三、动态能力影响因素

对于动态能力形成的影响因素，很多学者十分关注。只有厘清动态能力的影响因素，才能更好地对症下药，促进动态能力的生成，遏制动态能力的弱化。目前，国内外学者对于动态能力的影响因素以及形成原因，积累了一定的研究。

动态能力水平与企业资源存量、发展阶段和发展方向等多种因素存在关联。测量动态能力水平，需要综合考虑多元因素，特别是企业的内部学习能力、整合协调能力和迅速适应变化能力等（Teece，1997）。Teece 等人的研究尚且缺乏足够深入度，例如仅仅说明企业动态能力水平与那些因素存在关联，并未说明资源存量、发展阶段和发展方向等如何影响企业动态能力，而其他学者的实证研究成果也显得相当匮乏。

Subba（2001）认为影响动态能力形成的关键，主要是企业组织结构和人力资源管理水平。Blyler 和 Coff（2003）认为，社会资本是推动动态能力生成的重要条件，强调了社会资本对于企业内外部资源的整合作用。整体来看，国外研究者们普遍认为，企业动态能力的影响因素比较多元，如企业发展程度、企业组织结构、企业领导人特质、企业学习成本、企业面对的市场环境等，具体影响作用的大小也是需要根据具体情况来具体分析。

国内研究者们，大多从资源、技术、环境等视角分析动态能力的影响因素，但很少有从动态能力本身形成过程及对其的直接和间接影响因素进行研究。值得借鉴的是，刘磊磊（2008）立足动态能力形成过程，认为组织本身的结构是动态能力形成所必须的一个平台，而学习则充当了动态能力形成推动力。立足中小企业的动态能力，王重鸣（2007）认为其影响因素除了企业组织体系结构等客观层面以外，还包含企业家特质和员工群体特征等，他还将动态能力理论应用于实践结果检验。孟晓斌（2008）认识到创业过程中的社会资本网络对于动态能力的直接影响作用，并认为企业组织学习对动态能力有间接的正向影响。

文化产业动态能力同样受到上述诸如资源、技术、环境等因素的影响。除此之外，文化产业动态能力还受到文化类企业与其他类型企业差异化因素的影响。然而，无论是文化产业微观主体抑或整个文化产业，作为一种独具特色的内容产业，有其独特的发展环境，而对其动态能力的影响因素研究较少。

四、动态能力的形成及演化机理

在动态环境下，企业动态能力的生成，必须依靠相应的学习机制和动力机制来推动。在动力机制方面，企业适应外部环境过程中需要不断吸收和消化各类知识和信息，以此形成整合企业内外部资源的能力，并最终形成与外部环境变化相适应的调整和应对能力。当外界环境发生变化时，企业的动态能力，能够推动企业应时而变和应势而变，从而保障企业的持续生存和发展。与此同时，企业组织的学习机制则保证了做出这种改变的准确性。企业动态能力与企业环境之间的吻合还需要匹配约束机制。

动力机制是推动企业形成动态能力的重要前提。面对复杂多变的外部环境，企业需要不断整合内外部各类资源，以此应对环境影响，只有这样，才能形成持久的企业竞争力。刘小花（2011）将企业应对环境过程中形成的动力机制划分为：源于内部的动力机制和源于外部的动力机制，并强调了内部动力机制的重要意义。龚一萍（2009）认为，一个企业若想真正地形成企业动态能力，无论是内部动力机制，抑或是外部动力机制，还需要它们之间各类要素的相互作用和相互影响、相互协调和相互整合。

学习机制是企业动态能力形成的根本途径。在当前动态环境中，组织学习日益成为企业获取、利用知识和能力的重要工具。动态能力研究者们认为，当企业处于急剧的环境变迁时期，需要不断充实自身的知识和经验，不断形成新的竞争优势和竞争能力，唯有这样，才能构建起企业动态能力体系。企业在持续运营过程中，需要持续解决诸多难题的学习机制和适应机制，想要解决这类难题，固有的知识和经验是无法解决的，唯有不断学习和适应，才能更好地参与竞争。针对学习机制问题，有学者进一步指出，企业动态能力的积累并非一日之功，而是需要在不断积累经验和教训过程中厚积薄发。Dodgson（1993）和 Lipshitz（1998）曾对企业学习机制作出过概念界定，认为企业学习机制是一系列的收集和消化经验信息的组织体系设计，并以此体系构建推动经验分享、知识转移和资源整合。他强调，企业动态能力所关注的应势而变与应时而变，着重强调延承组织内部过去的经验和知识，从而助推企业适应动态环境和构建动态适应的能力体系。骆世民证实了 Zollo 和 Winter（2002）的研究，认为学习机制与动态能力中的知识和经验积累之间存在着正相关关联。吴倩（2014）认为，学习机制的输入要素主要有信息和人才，支撑企业学习机制的因素主要有企业的组织结构和企业的学习氛围及文化，企业的学习机制主要建立在以下几个方面：筛选获取的信息、建立学习型组织、重视社会创业精神的培育等。

企业要获取一定的竞争优势，就必须重视其内部知识、经验与应对企业环境问题之间的对接，唯有更好地让二者之间匹配，才能更加有效地解决环境问题和提升自身优势。这一良好的匹配机制，就是组织内部的学习和转化体系在发挥作用。只有解决了组织内的学习和转化体系设计，才能有效化解内外的紧张矛盾状态。企业不断升级的过程，就是组织内学习和转化体系不断完善的过程，更是这一体系发挥巨大作用的过程（Wang & Ahmed，2007）。就这一问题，吴倩（2014）认为，这一适应机制是企业应对环境变化过程中不断形成和完善的，其关键内容包括：准确判断、正确决策和快速行动。

企业动态能力演化机理或逻辑，主要包括企业动态能力的深度、广度和生命周期三个方面。企业动态能力广度的演化过程实质上是竞争优势获取维持的过程。企业动态能力深度的演化是企业从环境感知、环境学习到环境适应的全过程。类似于企业和产品生命周期，还包含有动态能力的重构和转化等过程，例如利用能力的构建、发展、成熟来描述随不同时期企业动态能力的变化过程（Helfat & Peteraf）。

五、动态能力的度量和评价指标体系

企业动态能力和产业动态能力都较为抽象，具有"内隐性"和难以检验性（Eisenhart & Martin, 2000）。度量动态能力的关键在于探索一种新的路径与方法，从而对动态能力进行分解，使之具体化，然后运用相关指标进行度量。

国内外对于动态能力度量的研究，处于起步阶段，而且多数研究主题聚集于企业动态能力度量方面，对产业动态能力测量的关注较少。如Jantunen（2005）等人用企业三年内重构活动的数量和成功率来测量企业动态能力，重点研究企业绩效和企业动态能力之间的关联关系。Caloghirou（2004）等人以希腊企业为例，重点研究了希腊相关企业动态能力因素与企业盈利之间的关联，在此过程中构建了企业动态能力的测量模型，具体包含企业学习能力、企业协调能力和企业变革能力等。Ho Yung – Ching（2006）构建了一个企业动态能力测量模型，这一模型由团队协作情况、知识管理系统状况、信息管理系统状况三个部分组成。李兴旺（2006）从企业环境洞察能力、企业价值链配置与整合能力、企业资源配置和整合能力三个维度来测量企业动态能力。王核成（2005）构建了一个基于动态能力的企业竞争力模型，将企业动态能力细化为企业资源吸纳能力、企业战略整合能力和企业价值链协调能力等因素来加以测量分析。贺小刚、李新春（2006）针对企业动态能力展开测量，将视角聚焦于企业市场潜力、企业组织学习能力和企业组织变革能力等多元维度。

随着动态能力研究的不断深入，国内学者们在企业动态能力的量化方面取得研究进展。就国内外学者在企业动态能力具体的量化指标维度的研究现状来看，尚未达成一致共识，其主要研究成果可以归结为两

类，一类是单维度测量，另一类是多维度测量。例如，吴伟伟（2010）特别注重研究企业内部资源与企业动态能力之间的关系，立足这一视角，他对企业动态能力展开指标测度；Zhou（2010）重点研究了企业战略导向对于企业动态能力的影响；除此之外，也有学者将研究视角聚焦于多维度进行深度分析和重点审视。例如，Liao（2009）将企业动态能力划分为机会识别型动态能力和利用型整合型动态能力，并开发出很多指标对其进行分别测量；Hung（2007）将企业动态能力划分为企业创新能力和企业组织战略维度；Prieto（2009）根据不同情境下的企业动态能力，将其分为企业知识创造能力、企业知识整合能力以及企业知识重构能力，并分别设计出对应的指标来测度。

在研究方法上，对于企业动态能力的量化分析，越来越受到研究者们的重视。例如李彬等（2013）对企业动态能力与企业常规业务操作之间的关联关系进行了深入研究和量化分析。除了常见的量化研究方法之外，企业动态能力研究学者还积极借鉴其他学科研究方法，如遗传算法、灰色关联分析、系统动力学、贝叶斯模型等。例如，Hahn（2006）将贝叶斯用于动态能力的测度，进一步增强了这一研究领域方法论的科学性和研究视角的多元性。

就研究话题而言，当前对于动态能力的研究主要集中于成熟度高的企业动态能力，而对于产业动态能力的实证研究尚显不足，特别是文化产业动态能力研究并未涉及。由于文化产业的特殊属性，因而对于文化产业的动态能力测度，若直接利用前人的研究指标体系进行测量是不尽合理的，而是需要根据文化产业的自身特点来开发新的量表。

整体而言，国内学者对产业动态能力的研究，多数聚焦于产业动态能力理论架构层面的研究，对于产业动态能力的量化分析稍显不足，以致于难以与瞬息万变的知识经济环境背景相适应，难以具体有效地指导产业的动态能力培育实践。因此，立足理论框架构建之外，还需要将研究重点侧重于对于产业相关内容的量化分析，推动产业动态能力研究进一步向量化和科学化方向发展，从而推出更多经得起时间检验和能够赢得人们共识与认同的研究成果，这将是未来相关研究领域的发展方向。

第三节　基本预设

一、文化产业的范畴

英国经济统计学家科林·克拉克，于 1940 年发表的著名经济学著作《经济进步的条件》，首次提出了三次产业的划分。文化产业是国民经济的产业部门之一，它属于第三产业。此外，文化产业除了具有其他产业共有的属性以外，还有其特殊性。文化产业投入的主要是知识和智慧，产出的是文化内容，而且它的发展不会随着自然资源的枯竭而萎缩，是具有可持续发展能力的产业。

在世界文化产业发展的历史进程中，文化产业的概念与范畴历经嬗变，内涵也渐趋丰富。可以这样简单理解，文化产业是对那些既具有文化内容，而又以生产经营为主要特征的产业的总称。如在上文"国内外文化产业研究综述"中所言，各国和国际组织对于文化产业的定义和界定范围不尽相同，我国文化产业最新的概念是 2012 年由国家统计局《文化及相关产业分类》中所界定，它是在 2004 年文化产业初步分类基础上所进行的修订和完善，即将文化及相关产业的定义表述为"为社会公众提供文化产品和文化相关产品的生产活动的集合"。本书的研究是在我国文化产业概念界定的基础上，进一步明确为：文化产业是指通过工业化、信息化和商品化方式所进行的文化生产和提供文化服务的经营性行业，它与文化事业是相对应的概念，二者都是社会主义文化建设的重要组成部分。本书的研究中所涉及文化产业，其范围是我国国家统计局 2012 年新修订的《文化及相关产业分类》，即从行业门类上，分为文化产品的生产和文化相关产品的生产两大部分，涉及 10 个类别，123 个具体细分行业，具体包括了四个方面的内容，即文化产品（包括货物和服务）的生产活动、为实现文化产品的生产所需要的辅助生产活动、文化用品的生产活动（包括制造和销售）以及为实现文化产品的生产所需要的文化专用设备的生产活动（包括制造和销售）。其中文化产品的生产活动构成文化及相关产业的主体，其他三个方面是文化及相关产业的补充。①

二、文化产业动态能力研究的范围

（1）文化产业动态能力的存在性

从整体上看，动态能力理论着重关注复杂多变环境下企业的整合资源能力，其研究对象，多是立足于企业单位。近年来，也有部分学者开始将动态能力概念引入到产业分析之中，但总体而言，尚处于尝试阶段。如佐罗和温特侧重于剖析动态能力包含的学习机制，而D. Zylberztaj 和 C. Filho 则基于巴西牛肉生产系统，得出动态能力在不同农产品生产系统获取竞争优势方面的重要性。国内学者牟绍波对产业集群动态能力进行界定，即集群根据动态环境为适应外部环境和变化，不断更新并创造新的持续竞争优势的能力。戴书华（2009）对快递产业

---

① 最新的《文化产业及相关产业分类（2018）》由国家统计局于 2018 年 4 月 2 日发布。本书是基于《文化及相关产业分类（2012）》进行的研究。

动态能力进行了界定。金通（2012）以保持产业集群竞争优势的动态能力为切入点，以探寻产业集群动态能力的理论框架、测量维度和促进能力提升的公共政策为主要内容开展研究。

产业动态能力是在企业个体动态能力的基础上形成，它是企业动态能力在总体上的表现。企业动态能力的提升所带来的知识、经验、能力等就会有溢出效应，从而利好于整体产业结构质量的提升。产业动态能力的进步，为企业带来了一个良性的生存和发展环境，有利于其吸收周边环境中的经验和技能，从而促进自身成长、发展和壮大。这种正向反馈机制的发生，将会带来一个持续的良性互动循环。

文化产业也不例外，文化企业是文化产业的细胞，是文化产业微观主体。文化产业则是由众多的文化产业微观主体所组成。如前所述，我国文化产业从行业门类上，分为文化产品的生产和文化相关产品的生产两大部分，涉及 10 个类别，123 个具体细分行业。文化产业微观主体动态能力是从微观层面对于动态能力的考察，文化产业动态能力则是从宏观层面对于动态能力的考察。文化产业微观主体动态能力与文化产业动态能力之间具有极强的关联性，既可以是相互促进的良性循环，反之，也可以是相互阻碍的恶性循环。因此文化产业微观主体动态能力是整个文化产业动态能力的基础，文化产业动态能力是文化产业微观主体动态能力的集中体现和高级化。因此，文化产业动态能力有其存在的逻辑体系。

（2）本书的研究范围

本书的研究范围聚焦于我国的文化产业，进而研究文化产业动态能力。从文化产业的内容来看，根据上述我国《文化及相关产业分类》，分为文化产品的生产和文化相关产品的生产两大部分，涉及 10 个类别，

123 个具体细分行业。其中文化产业的核心主要包括：新闻服务、书报刊和音像出版物的出版发行和版权服务，广播、电影电视，艺术服务等。此外还包括：网络文化服务，文化休闲娱乐服务，广告和会展服务，以及文具、照相器材、光盘等文化用品、设备和工艺品设备等。从文化产业内部各行业组成来看，主要包括现代传媒产业和传统文化艺术产业。

动态能力是一个动态的概念，因此在本书研究文化产业动态能力及其评价时，将其划定为某一个时期内文化产业所展现出来的动态能力，在研究中运用江苏省第三次经济普查数据中涉及文化产业的部分，对于江苏省文化产业动态能力进行实证研究，以期进行较为合理和科学的评价和测定。

第四节 研究思路、框架与内容安排

一、研究思路

本书的研究思路是：基于文化产业发展背景和实践状况，结合国内外研究成果，以动态能力理论、文化产业相关理论为基础，探讨文化产业成长规律，沿袭动态能力理论的研究脉络，主要研究四个方面问题（如图 1.1 所示）。第一，何为文化产业动态能力？文化产业动态能力作用机制如何？第二，动态能力如何从企业到产业？动态能力理论运用于文化产业的可行性与必要性是什么？第三，影响文化产业动态能力的因素有哪些？文化产业动态能力的表征在哪些方面？文化产业动态能力具体内容包含哪些？第四，怎样运用动态能力理论，构建文化产业动态能力评价体系，并采用德尔菲法选择和确定文化产业动态能力评价指标和模型？之所以选择江苏省为研究案例，是因为江苏省作为文化强省、经济强省，其文化产业发展对于全国而言，具有一定的示范性和引导性。对江苏省进行文化产业动态能力实证研究，进一步论证指标体系和评价模型的有效性和可行性，为文化产业的实践活动奠定理论基础。

上述四个问题逻辑上相互联系，层层递进，紧密衔接，能够深入阐明文化产业动态能力问题。该四个问题的解决过程也是本书完整的研究思路，这一研究力图从理论层面上对于我国文化产业研究做进一步丰富和深化，有助于为变化发展中的中国文化产业，提供一种新的理论支撑与实践指导。

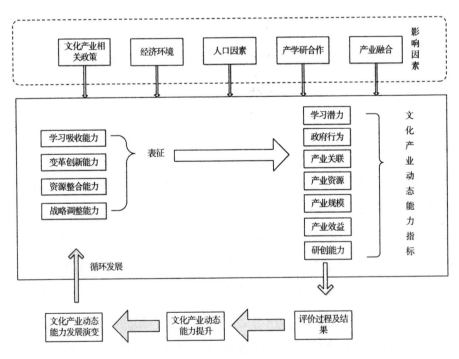

图1.1　研究思路示意图

二、研究框架与内容安排

本书基于文化产业理论、动态能力理论等理论基础，在文化产业动态能力及影响因素分析基础上，阐明文化产业动态能力关键维度，构建文化产业动态能力评价体系，并采用德尔菲法选择和确定文化产业动态能力指标体系及模型，从而搭建起整篇论文的研究架构。

第一章：绪论部分。本书从文化产业动态能力理论研究背景及问题出发，阐明文化产业动态能力研究目的和意义，对国内外相关研究进行综述，即对国内外文化产业的研究以及动态能力和产业动态能力、动态能力影响因素、动态能力的形成及演化机理、动态能力的度量和评价指标体系进行具体评述，进行基本预设，明确研究思路、研究框架与内容安排、选择研究方法及采取的技术路线，研判出可能的创新之处。

第二章：文化产业动态能力研究的理论基础部分。对本书所涉及的文化产业理论、动态能力理论等进行系统的归纳与总结，从而为本书的后续研究奠定理论基础。其中对于文化产业的性质特征进行剖析，将动态能力理论引入本研究，剖析文化产业动态能力内涵和特征，阐述动态能力理论运用于文化产业的可行性与必要性，同时从数理模型中解释文化产业动态能力的作用机制。

第三章：文化产业动态能力影响因素及其原因分析。分析了文化产业动态能力主要影响因素为：文化产业相关政策的驱动性，阐述文化政策驱动作用，投资新机制的形成和财税政策对文化产业动态能力的支持效应，经济环境的兼容性，人口因素对文化产业动态能力的拉动性，产学研合作的协同性，产业融合交融性五个方面，并分析和评价这些因素对我国文化产业相关战略目标和战略制定的影响，为探寻文化产业动态能力更大的提升路径提供支撑。

第四章：文化产业动态能力表征。通过对文化产业动态能力关键维度的协同，从学习吸收能力、战略转型能力、资源整合能力、变革创新能力等这四个文化产业动态能力重要表征入手，探究这四个关键维度与文化产业动态能力的关系，进一步剖析我国文化产业发展过程中这四个维度的要素及现状，探究其对文化产业动态能力的影响。

第五章：文化产业动态能力评价体系。基于动态能力理论，确立文化产业动态能力评价指标的选取原则，从而构建起文化产业动态能力评价指标体系，选择文化产业动态能力评价方法，在对多指标综合评价方法对比的基础上，最后构建起文化产业动态能力评价方法及评价模型，分析选择因子分析作为文化产业动态能力评价方法的理由。

第六章：江苏省文化产业动态能力与其经济发展耦合协调关系。首先，对江苏省文化产业发展规模和速度、结构与效益进行分析；接着根据江苏省2013年经济普查资料及其他相关资料，阐述文化产业动态能力与江苏省经济的耦合协调关系，进行文化产业动态能力与江苏经济发展耦合协调度分析，认为提升文化产业动态能力对于江苏省经济转型具有重要意义。

第七章：江苏省文化产业动态能力影响因素分析。从文化产业相关政策对江苏省文化产业动态能力的驱动作用入手，对江苏省文化产业动态能力影响因素进行分析：文化产业相关政策对江苏省文化产业动态能力的驱动作用；经济环境对江苏省文化产业动态能力支撑作用；人口因素对江苏省文化产业动态能力的拉动性；产学研合作对江苏省文化产业动态能力的推动作用；产业融合为江苏省文化产业动态能力提升提供空间；江苏省文化产业动态能力制约因素剖析等。

第八章：江苏省文化产业动态能力实证。利用2013年经济普查数据，运用因子分析法对于江苏省文化产业动态能力进行实证比较；具体为对于江苏省行政管辖内的 13 个地级市以及分省内苏南、苏中、苏北三大区域进行文化产业动态能力实证比较，并对其结果进行检验和解释，最后给出提升江苏省文化产业动态能力及省内苏南、苏中、苏北三大区域文化产业动态能力的建议。

第九章：结论与展望。归纳总结本书的主要结论，指出有待进一步研究之处，并展望后续研究。

由上述研究内容的安排可以看出，本书的第二至第八章是论文的主体部分，其中第二章是论文的基础理论部分，第三章至第五章是文化产业动态能力的具体研究内容，第六章至第八章属于实证研究。

三、研究方法及技术路线

本书本着研究命题的需要，在研究过程中采取了文献研究法、实地调研、数据统计、理论研究与实证研究相结合、定性分析与定量分析相结合等多种研究方法。

1. 文献研究

本书采取了以文献阅读为主的定性研究方法，在全面研读有关文献资料的基础上，对国内外文化产业、动态能力等理论进行细致的综述，主要为：一方面，对以往学者们对于文化产业概念及相关理论进行梳理和述评；另一方面，对以往动态能力理论进行搜集和研读，为本书的研究奠定基础，并且在吸收、借鉴以往学者们观点、判断和理论的基础上，力图实现研究中的创新。

2. 实地调研

本书主要通过半结构访谈法，与文化产业经营管理人员、政府部门的相关工作人员、相关统计专家以及科研部门的研究人员在内的专家建立联系并进行交流，对文化产业动态能力以及评价指标体系的建立等方面的想法、思路、意见进行深入的了解和收集，加以调整和完善，从而使得本书的研究能够更具有科学性和合理性。

3. 数据统计

本书作者承接了 2014 年江苏省统计局招标课题《江苏文化产业发展现状及问题研究》，通过对第三次经济普查中已掌握的文化产业的数据，对江苏省文化产业的 123 个行业相关数据，进行了专业、系统、全面的梳理与提炼，并在此基础上，对江苏省文化产业发展现状进行了详细的统计和分析，从而为论题的展开提供事实基础。

4. 理论研究与实证研究相结合

在理论研究方面，本书主要运用动态能力理论、文化产业相关理论、经济学理论作为理论基础，建立起论文的整体框架；在实证研究方面，本书选择我国文化产业作为研究对象，做到理论研究与案例研究相结合。在具体论证方面，本书则采取了定性分析和定量分析相结合的方法，构建文化产业动态能力评价体系，借助 SPSS 统计分析软件，采用因子分析方法，对江苏省文化产业动态能力进行定量的分析，从而对江苏省文化产业动态能力有了更为深入的了解，并进而为提升文化产业动态能力奠定基础。跨学科研究方法，本书综合采用了经济学、管理学、社会学、统计学等相关学科的理论，通过多重方法对文化产业动态能力展开研究。论文采用的技术路线如图 1.2 所示。

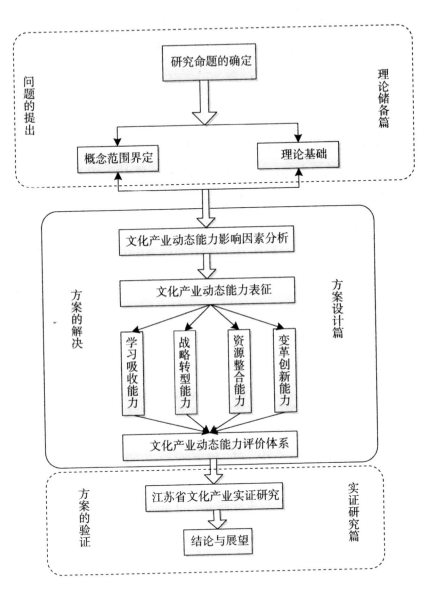

图 1.2 技术路线图

第五节　研究的创新之处

一、提出了文化产业动态能力的范畴

动态能力理论原本是针对企业竞争优势的可持续问题所提出来的，随着动态能力理论研究的不断深化和发展，国内外学者们的研究视角多数聚焦于企业动态能力理论架构层面的研究。近年来，虽有部分学者开始将动态能力概念引入到产业分析之中，但总体而言，尚处于尝试阶段。本书的研究创新在于提出了文化产业动态能力理论，认为产业动态能力是在企业个体动态能力的基础上形成，它是企业动态能力在总体上的表现。而文化产业的形成是由生产不同产品类型文化企业（文化产业微观主体）所构成的不同文化行业，再由不同行业的集合或者不同行业的文化类企业汇聚所构成整个文化产业。文化产业微观主体动态能力是从微观层面对于动态能力的考察，文化产业动态能力则是从宏观层面对于动态能力的考察，文化产业动态能力则是文化产业微观主体动态能力的集中体现和高级化。本书将动态能力理论引入文化产业战略研究领域，在文化产业领域进行探索性研究，可以为我国文化产业发展拓宽研究空间并带来新的研究视角。

二、探索性研究了文化产业动态能力表征及评价体系

目前学界关于文化产业战略研究大多沿用传统的静态分析工具，难以解决动态环境下文化产业所面临的新问题。本书研究的创新在于依据文化产业的特点，以及文化产业发展所处的动态环境，运用动态能力理

论，探索性地研究了文化产业动态能力表征，认为文化产业动态能力表征主要为学习吸收能力、战略转型能力、资源整合能力、变革创新能力，并在此基础上运用动态能力理论构建文化产业动态能力评价体系，对文化产业动态能力进行定量研究，将定性分析与定量研究有机结合。

三、首次对江苏省文化产业动态能力进行实证研究

借助于一定的理论工具对于相关数据或案例进行全面分析，从而得出文化产业相关量化结果的研究相对较少。尤其是在过往的研究中偏重理论分析，且以单学科研究为主，而实证研究和跨学科研究较少。本书首次以江苏省文化产业动态能力为实证，运用第三次经济普查中所涉及到的江苏省文化产业相关数据进行定量分析，对于生成的结果再从定性的角度进行综合评价，并提出提升文化产业动态能力的建议，将理论研究与实证分析紧密结合。本书运用动态能力理论构建文化产业动态能力评价体系，实现了对文化产业动态能力的有效测度，以及实证结果的可视化。本书的研究不仅为文化产业动态能力的实践应用奠定了基础，而且对于推动产业动态能力研究进一步向量化和科学化方向发展有所贡献。

第二章

文化产业动态能力研究的理论基础

本章内容主要对文化产业动态能力研究涉及的相关概念，以及文化产业的范围进行厘清和界定，明确本书的研究对象，并对本书所涉及的动态能力理论、文化产业理论进行系统的归纳与总结，从而为本书的后续研究奠定理论基础。

第一节　文化产业的性质特征

一、文化产业的性质

"'产业'是介乎于国民经济微观经济组织和宏观经济组织之间的'集合概念'，它既是具有某种同一属性的企业的结合，又是国民经济以某一标准划分的部门。"文化产业是借鉴工业产业模式提出的概念，是对于文化产品和服务而言能够形成投入产出的模式，文化产业有其自身的产业链格局，它是兼具经济属性、产业属性和文化属性的一个新兴业态。在我国特定的制度环境中，文化产业除了具备一般产业的属性之外，还兼具着某些特殊的社会意识形态属性。我国的文化产业反映着社会生产力发展的必然要求，它是随着社会主义市场经济体制的逐步完善和现代生产方式的不断进步而发展的新兴产业，是社会主义文化产业自身理论和实践研究的历史必然。中共十六大报告第一次把"文化产业"与"文化事业"作为两个概念区分开来，并且把文化产业定性为"繁荣社会主义文化、满足人民群众精神文化需求的重要途径"。这是我国在文化产业理论上的一个重大创新与突破，同时它也为我国文化产业的发展在政策层面起到引领和支撑作用。

我国的文化产业是随着经济全球化进程的不断加速，信息化、网络化的逐步推进，以及科技的不断进步从而产生出来的一种新的文化发展范式。就其产品性质而言，可以理解为向消费者提供精神产品和服务的行业，它包括利用个人的创意、技术、才能等创造出知识产权，并运用到商业领域，从而创造出经济附加值和潜在就业机会的所有产业活动。也就是说，文化产业表现为以"文化创意"为核心，以内容为载体的特有形式，通过技术的介入，并且符合产业规律地运用产业化、市场化方式，也必然经过从研发环节、生产环节、营销环节，以及其所有管理环节等流程，提供文化产品和文化服务的行业。文化产业又是一个特殊的行业，其源头是创意，核心是内容，兼具公益性和经济性。因而，只有源源不断的创意产生，才能有源源不断的文化产品和利润。反之，如果缺乏创意，文化产业就会成为无源之水、无本之木。

文化产业又表现为多行业的复合和叠加，文化产业既体现出由多种产品构成，有着丰富内涵的特质，同时又可以彼此融合而聚为一种结构状态。从文化产业的概念可以看出，文化产业涵盖了以满足建设文化需求为目的的所有创造性活动。文化产业链的上游是文化资源的整合和海量文化内容的承载，其下游是消费类信息技术产品的普及和信息文化娱乐产品的大规模市场推广，以及大众流行文化艺术符号在传统产业中的普遍应用，其产业链的内部各细分行业和产品之间则相互有机衔接和紧密相连。

二、文化产业的特征

文化产业作为一个具有重大发展潜力的新兴产业和一个特征鲜明的产业类型，具有如下的主要特征。

1. 文化产业为人们提供精神产品，提升精神生活品质

马克思曾经指出，社会生活中存在着两种生产力——物质方面的生产力和精神方面的生产力。文化产业是生产内容产品、创造精神财富的产业，其发展不仅可以满足人民群众多样化、多层次的精神文化需求，而且在消费过程中还可以提升道德情操和精神境界、缓解社会矛盾、促进社会和谐，其核心是为人们提供精神产品，满足人们的精神需求。然而，文化产业与那些既可以为人们提供消费，又具有商品性特征的某些纯社会公益性的文化事业相区别。

2. 文化产业是一种以思维创新为显著特征的创意产业

许多学者将文化产业界定为创意产业，并指出创新性、创意性是其最主要动态特征，如邓安庆、邓名瑛认为，文化产业是以原创性的精神活动为根本。文化产业的本质是文化的产业化和产业文化化，即运用新思路、新观念、新方法去创造财富。文化产业需要在其产品中融入文化设计和文化创意元素，打造出文化产品，提升该产品的文化品位和文化价值，并获得更高的附加值。

3. 文化产业是具有文化内涵特质的产业

文化产业需要注入文化内涵，如果离开文化内涵，就不能将其界定为文化产业。文化产业是"内容为王"的产业，如果缺乏大量优秀的创意和创意人才，那么这个产业就失却了灵魂。然而"文化"的内涵极其丰富，囊括范围较广，因而应当根据"文化产业"本身的特性来界定其内涵和范围，防止对于文化产业理解中泛化倾向的产生。

4. 文化产业应该具备一定的规模

涉及文化产业的产品和服务，只有具备一定的规模，或者有其规模发展潜力，这样才能满足产业化的条件。比如，文化产业需要包装一个画家、一个歌手等，不是仅仅依靠其卖出的几张画，或者参加的几场演出等从中赚得佣金和利差，如果这样的话只是作坊式、短期化的行为而已，文化产业需要进行产业化的运作，形成规模。

5. 文化产业是边际效用递增的产业

边际效用递减是经济学的公理。但是，对于以文化作为资本和资源的文化产业来说，由于文化产业分工与专业化的发展，以及创新和创造机会的不断呈现，它具有不可耗尽、不断复制、自我增值的特点，也就是说，传播途径和方式越多，文化产业创造的价值越大，因而，文化产业成为边际效用递增的产业。

6. 文化产业的产品和服务具有可复制性的功能

复制性是指文化产业经营者能够不断复制产品和服务，如：文化产业的产品和服务的复制性功能最具代表性和典型性的是版权复制，以及一些可以扩展的管理模式复制和品牌形象复制等。如果不能实现有效复制，则达不到产业化要求，就不能称其为文化产业。比如，一些手工产品、传统技艺产品，如果仅有寥寥几人掌握其制作的特殊工艺，而缺乏复制性功能的话，也就没有实现规模化发展的必要和可能，则无法将其打造成为产业。

7. 文化产业与其他产业相融合

随着经济与文化的互动性加快，文化产业的生产领域与产业链格局显现出前所未有的开放、交融、渗透状态。比如，文化创意和设计服务具有高知识、高增值、低能耗和低污染的特征，其蕴含的巨大现实效益在于，它与其他相关产业融合（如建筑业、制造业、旅游业等），朝向其他相关产业的产业链高端攀升，并且促进其他相关产业在内涵、设计、品牌、服务和管理等各要素上的创新和升级，从而形成共赢。

8. 文化产业是具有正常的现金流量的产业

文化产业如果只是间断性地、相隔较长周期地、偶然性地有收入，就不是产业化模式。比如，一年仅做了一场或几场歌星演唱会的文化公司，所有的营业收入都是一次性的门票收入，即使每场都有盈利，那么它就不是产业化模式（音乐剧和娱乐夜场演出、旅游演出除外）。

三、文化产业发展环境的变迁

随着全球化、信息化、网络化的推动，大数据时代的到来，文化产业正悄然发生着变化。信息技术和网络技术不仅改变了人们的生产和生活方式，而且也改变了人们的思维方式、价值观念、行为方式、表达方式。文化产业与信息技术、传播技术和自动化技术等广泛应用密切相关，呈现出高知识、智能化、市场化的特征。文化企业是知识型企业，根据知识在其中的不同作用和处理方式，可分为知识生产型企业、知识应用型企业和知识传播型企业。文化产业的兴起是产业发展演变的新趋势，它既具有知识服务业的业态，又有信息化、网络化的时代烙印。

1. 文化产业是高附加值产业，具有很强的渗透性

文化产业的核心生产要素是信息、知识，特别是文化和技术等无形资产，是具有自主知识产权的高附加值的产业。比如，创意是技术、经济、文化等相互交融的产物，创意产品是新思想、新技术、新内容的物化形式，特别是数字技术和文化、艺术交融和升华，数字技术产业化和文化产业化交互发展的结果可以渗透到许多产业部门。

2. 文化创意企业人员主要是知识劳动者，拥有能够激发出创意灵感的设计高手和特殊专才

创意从业人员的工作有其特殊性和不可替代性，他们不断创造新观念、新技术和新的创造性内容，其职业能力来自于个人经验积累和个人灵感的迸发。生产方式是以脑力与体力、手工与信息化等现代化手段相结合，实现智能生产与实时敏捷生产。在西方发达国家，随着工业化的发展和后工业化社会的进步，研发、文化教育、金融等众多领域的创意人群在人口中所占比重正逐步提高。

3. 创意产品是文化与技术相互交融、集成创新的产物，呈现出智能化、特色化、个性化、艺术化的特点

创意产品是以文化、创意为核心，运用知识和技术而产生出来的，并赋予了新的价值，是创意灵感在特定行业的物化表现。文化具有黏结性，技术具有流动性。技术是可编码的知识，知识的可编码性决定了技术可以在人与人之间、区域与区域之间的自由流动。文化是黏性知识，难以在不同的人与人、区域与区域之间有效转移。尽管随着信息传递技术的发展，技术创新等可编码知识的传递成本会随通信技术的发展而迅速下降，但类似于文化的黏性知识的传递成本则不会随信息技术的发展而下降。

4. 文化产业组织呈现集群化、网络化趋向，文化企业组织呈现小型化、扁平化、个体化、灵活化的特点

当今社会，文化产业已不再仅仅依靠个体设计师、艺术家等个人灵感突发，而是整个社会知识和文化传播所构成，与产业发展形态以及社会运作方式的创新相关。换言之，文化产业的发展除了个人和单个企业的行为之外，更加需要集体的互动和企业的地理集聚，形成集群化的环境。

第二节　动态能力理论

一、动态能力概念

动态能力这一术语最先被系统工程领域所运用。在动态能力概念正式提出前，有整合能力、组合能力、关键能力或原能力等概念均与动态能力相类似。动态能力概念是美国战略管理学家 Teece 等首次提出的，Teece Pisano Shuen（1997）将"动态能力"定义为，企业通过整合、建立和重新配置其内、外部能力，达到适应快速变化环境的能力。动态能力理论建立在资源基础理论、企业能力理论和演化经济学基础之上。动态能力理论认为，在面向全球竞争的快速变化的商业环境中，要解决战略性资源的易扩散性和核心能力刚性问题，企业需要更多的难以复制的知识资产，同时也需要独特的和难以复制的动态能力来产生（create）、延展（extend）、整合（Integrate）、重构（Reconfigure）、提升（upgrade）、保护（protect）和保持（keep）企业独特的资产基础（unique asset base）。

动态能力是组织获取持续竞争优势的基础。它是在动态环境下，作为组织建立起整合以及重新配置自身基础的能力。由于适应了信息社会和经济全球化的环境变化趋势，动态能力理论在战略管理中的地位不断提升，动态能力框架逐渐替代波特的"五力"模型，成为分析在复杂多变的环境下企业如何获取持续竞争优势的重要工具。动态能力是组织在动态环境下，建立起整合以及重新配置组织基础的能力，它是组织获取持续竞争优势的基础。

企业动态能力对于企业保有持续的竞争优势起着关键性的作用。根据动态能力理论，企业在动态环境下只有不断地提升其竞争力，特别是核心竞争力的提升，才能获得持久的竞争优势。作为一种战略观，资源学派把企业具有的资源与能力看成是企业竞争优势的来源，并以资源和能力界定企业的边界。按照资源学派的理论，企业战略管理的核心不仅是对如何利用企业独特的资源与能力的问题，而且更重要的是要做适应型组织，不断根据内外部环境变化，创造条件并推动企业竞争力或竞争优势的创新问题。

二、动态能力理论运用于文化产业的可行性

传统的资源观理论（包括核心能力理论）认为，企业竞争优势的来源在于其所拥有的特异性资源和能力，这些资源和能力也就是核心竞争力。企业通过采取合适的价值创造战略获得竞争优势。但是企业外部竞争环境的日新月异，导致企业获取持续竞争优势越来越难，获得竞争优势的模式已逐渐转化为持续地获取一系列暂时竞争优势。在这样的经营环境下，企业凭借产业定位或资源禀赋所积累的竞争优势会逐渐消耗殆尽，取而代之的是科学技术不断的进步和产品的不断更新换代所带来的挑战。这样客观事实的存在，使得近来在战略管理研究中资源观理论遭到一些学者的批评。故在此背景下，基于资源观理论基础，动态能力理论逐步形成并获得了快速发展。动态能力理论包含两个侧面：一是动态性，即企业要依据外部环境变化适时而变；二是能动性，即强调对企业内部各项资源和禀赋的整合和重新配置。动态能力理论是一种作为认识和解释企业竞争优势来源，并对于企业战略管理进行研究的重要理论。动态能力理论在实践中也不断得到证实，如 R. S. Rosenbloom 依据 NCR 公司的实证案例，论证了动态能力在企业应对技术变革、业务领域变革

过程中的关键作用。V. P. Rindova 和 S. Kotha 的研究则证实了动态能力的存在。

　　企业是一个组织，企业动态能力就是这个组织对所处环境变化过程中的感知、应对以及调整转换能力的总称。这种能力是企业在动态竞争环境中保持竞争优势的能力。可以这样认为，一个产业系统是由众多的具有某种相同特征的企业及其相关联关系所构成的，是社会经济系统的子系统。产业系统是由对外部环境具有反应性和能动性的微观主体所组成的组织系统。与企业类似，面对复杂多变的竞争态势，产业体系也必须紧随其后，做出适当革新。产业内部，作为一个整体的网络结构体系，和企业内部网络结构体系类似，都会遇到一些前所未见的问题和挑战，需要做出及时适当的调整，并整合相关资源，建构产业自身的竞争优势和竞争能力。从产业层面来看，产业系统有着单个企业所无法比拟的资源调配优势和便利，特别是在技术集成、生产规模和资金规模等事项上。就特定区域而言，产业内的协作体系、企业行为规范、产业理念等应当趋于一致，这样才能形成共识，利于交流和沟通，从而实现机制对接和规范约束。只有这样，企业才能形成共同体意识，强化产业升级能力和产业学习动力，从而实现产业网络在市场和技术上的动态更新与跃迁。随着企业间交往日益频繁、相互依存度越来越高，产业层面的竞争态势日益激化，产业网络与产业集群的竞争优势日益凸显。作为一个特殊的单位，产业实体的发展和壮大也完全可以运用动态能力理论来解释，并对照动态能力理论来提升和优化。

　　在已有的动态能力研究中，向微观流程和宏观产业研究方向延伸的研究虽然不多，但已有部分学者的成果呈现，如本书第一章基本预设中所例举，此处不再赘述。由此可见，企业动态能力侧重于解决企业成长和发展中遇到的问题以及在处理问题中形成的经验。产业动态能力侧重于解决产业升级改造过程中遇到的问题以及在处理问题中形成的经验。企业动态能力是产业动态能力的基础和前提。产业动态能力能够帮助企业获取更为迅速地适应环境变化的能力和应对更加复杂问题的能力。唯有二者之间形成一个正向的良性循环，才能营造一个适宜企业和产业成长的经济空间，才能打造更高级别的竞争优势。

那么，以往运用于企业层面的动态能力理论，可以运用于文化产业的研究吗？

答案是肯定的。文化类的企业、行业、产业之间有着层层递进、密不可分的关系。笼统来说，生产文化类产品或者服务的企业是基础单位，生产同类文化产品或进行相同文化类服务的企业构成了行业，而多种行业则构成了文化产业。不言而喻，宏观产业环境的变动更是影响到微观企业的经营与发展，进而研究文化产业微观主体发展的小数据能以小见大从而观测整个文化产业的发展脉络。

企业一词，源于英语中的"enterprise"，原有冒险之意，现在引申为经营组织或经营体。由于单个文化类服务或者产品作为合同交易缺乏效率、存在不经济的情况，文化类企业则是由不同分工的人通过签订合同组成，从而保证更多的产品实现交易分工，进而提高产品生产和相关服务效率。

企业是产业的细胞。企业作为产业经济、国民经济的基本承担者、具体参与者，其动态能力就决定着行业、产业的动态能力。企业根据生产不同的产品类型构成了不同的行业，而不同的行业的集合或者不同行业的文化类企业汇聚构成整个文化产业。如表2.1所示，文化类企业生产的产品划分为文化产品及文化相关产品和文化相关产品的生产。每种产品类型的聚集都能够成为一种行业，而最后的产业概念则是"某类具有共同特征的企业集合或系统"。其中"某类具有共同特征"可以理解为生产相关或者相同的产品，则能够形成行业。而划分产业的基本准则是"生产同类或者有密切替代关系的产品、服务的企业集合"，由此，表 2.1 中不同行业的集聚则构成了整个文化产业的形态。

表 2.1　文化产业形态

企业	行业	产业
文化产品的生产	新闻出版发行服务	文化产业
	广播电视电影服务	
	文化艺术服务	
	文化信息传输服务	
	文化创意和设计服务	
	文化休闲娱乐服务	
	工艺美术品的生产	
文化相关产品的生产	文化产品生产的辅助生产	
	文化用品的生产	
	文化专用设备的生产	

图 2.1 则更加形象地表现了产品、企业、行业及产业之间的关系。其中文化类产品与服务是以经济利益为导向，通过交换形成商品化，单个的文化类产品和服务往往低效率、不经济；根据"合同集束"理论，不同分工的人形成企业，企业根据产品划分则构成不同的行业，它们都是通过分工合作提高效率创造价值，是一种组织化的过程；最后不同行业则形成文化产业，其目的则是通过规模化实现更大的效率以及更低的成本，从而实现更高的规模经济。

按照 2012 年国家统计局的《文化及相关产业分类》，我国文化及相关产业从行业门类上，分为文化产品的生产和文化相关产品的生产两大部分，即表 2.1 中的 10 个行业类别，涉及到国民经济分类中的 123

个具体细分行业。

由此可见，不同文化类行业的发展是文化产业的微观表征，通过研究不同文化行业生产的不同文化产品，以及其行业结构数据，进而根据大量的统计数据则能全面、科学地分析文化产业的发展现状，从而找出其制约因素，寻求有效改善路径。

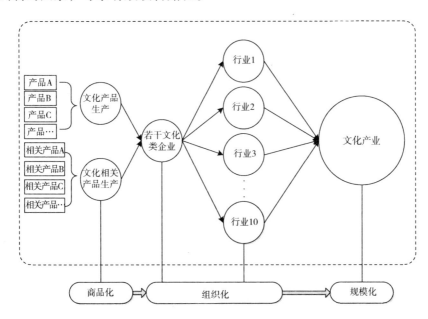

图 2.1　文化产业关系图

三、文化产业动态能力内涵

本书认为文化产业动态能力是文化产业对整体竞争能力进行整合、构建或者重置，以适应快速变化的外部环境的能力，它反映了文化产业在既定路径和市场约束条件下，获取新竞争优势的一种综合能力。它包括文化产业微观层面的动态能力和宏观层面的动态能力，如图 2.2 所示。

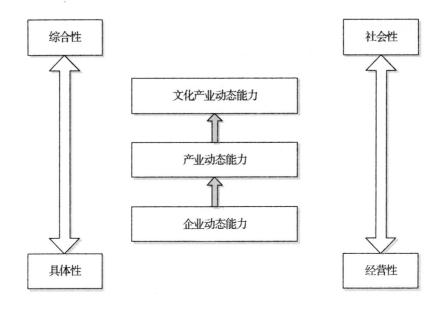

图 2.2　动态能力的三层次示意图

从微观层次来说，文化企业是文化产业的微观主体，是直接进行具体生产经营活动的组织，文化产业微观主体动态能力是其将自身的资源及生产要素等进行高效配置和转换，按照预定的目标进行组织运营所产出效益的能力。具体而言，文化产业微观主体动态能力主要表现为对产品及组织流程的研发和创新能力、企业组织学习吸收能力、对成本和价格的控制能力、对市场的占有及应变能力、对企业内部管理能力，以及对政府部门、其他公共组织的协调能力等。

从中观层次来说，产业是指经济社会的物质生产部门，它是社会分工的产物，是具有某种同类属性的经济活动的集合和系统。文化产业内各细分行业是文化产业中具有某种同类属性的经济活动的集合和系统。我国文化及相关产业从行业门类上，分为新闻出版发行服务、广播电视电影服务、文化艺术服务等共十个行业类别。

从宏观层次来说，一个国家或者一个地区文化产业动态能力，它主要包括了文化实力，以及与之相关联的经济实力、科技实力等。文化产业在全球化时代已经构成了一个个巨大的产业链，而产业链各个环节又相互交融构成了庞大的文化产业体系。正如著名经济学家施罗斯比（Throsby）在《经济学与文化》一书中所提出的，文化产业是以创造性思想为核心而向外延伸与扩大，并以"创造"为核心以及与其他各种投入相结合，从而组成各类文化产品的经济集团。而一个国家或者一个地区的文化产业则是由各类文化产品经济集团所组成的集合。

产业动态能力与产业内微观主体动态能力的关系一般而言表现为，产业内微观主体动态能力的增强是产业动态能力增强的基础，产业内微观主体动态能力的增强则意味着产业动态能力亦随之增强，是正向的关联关系。但在一些特殊情况下，产业动态能力并不能将产业微观主体的动态能力简单相加，比如产业内各企业间无序竞争，缺乏协调和合作，那么该产业整体就不能形成有效合力，则不利于产业动态能力的提升。因此，文化产业动态能力的提升需要文化产业各微观主体有序竞争，通力协作和合作共赢来实现。

四、文化产业动态能力的特征

文化产业的动态能力具有系统性、动态性、相对性特征。

第一，系统性是由多种因素构成的有机统一整体，其大小取决于各要素的综合作用，如果只强调其中某一个因素或几个因素就会陷入盲目性和片面性。所以提升文化产业动态能力是一个系统工程，应当从文化产业发展的整体出发，全面考量，始终把握系统的整体特性和功能，从而达到在整体上增强文化产业动态能力的目的。

第二，动态性是决定文化产业动态能力的各种因素都处于运动之中，其内涵也在不断发生变化，并且是一个动态平衡的开放系统。动态性决定了提升文化产业动态能力是一项长期性的工作，需要在实践中注意克服存在的不利因素，不断调整和理顺因素之间的相互关系，使得文化产业动态能力始终保持在较高的水平。

第三，相对性是文化产业动态能力相对于不同地区间、不同行业间和行业内的不同细分行业间相比较而言的，只有通过横纵向的对比分析，才能体现出不同情况下文化产业动态能力的大小和强弱。

文化产业的竞争优势在于更早或更迅速地应用动态能力。历史经验表明，一个产业占有着资源而缺少动态能力，短期来看它可能会获得一些竞争回报，但是从长远来看，特别是环境发生动荡或商业生态系统交替时，就无法维持较高的竞争回报和产业持续成长。如在媒介融合、数字化转型的动态复杂环境下，文化产业如果固守原有的资源和知识，反而会束缚着它的发展，在此情况下，需要尽快建构产业动态能力，因势利导，促进产业转型和发展。

第三节 文化产业动态能力作用机制

动态能力的作用机制在于通过整合产业以及产业所拥有的资源基础来创造价值，在动态的环境下，文化产业需要不断发现、创造、接榫和定位新的、潜在的市场机会，文化产业动态能力的演化实质上是文化产业发展乃至经济增长的内生决定的。本节我们从一个混合的新古典学派熊彼特模型出发，将文化产业动态能力与技术进步一起内生化，从数理层面探讨文化产业动态能力的演化特征与作用机制。

一、基本模型

由上一小节研究得出文化产业是由若干个文化产业微观主体所组成，文化产业微观主体动态能力的正向累积叠加就形成了文化产业的动态能力。为研究方便，将文化产业动态能力限定在文化产业经济系统中，即经济活动中存在着三种物品，文化产品、劳动力和中间投入。且文化产品的产值最终可以反映文化产业动态能力，而中间投入的生产制造业需要文化产业动态能力的支持。换言之，文化产业动态能力体现在文化产品生产制造乃至文化产业发展环境的各个环节。

有效劳动力数量受人口总数的限制，劳动力供给是无弹性的。假设文化产品的生产是连续的，则文化产业熊彼特模型的生产函数形式是：

$$Y_t = L^{1-\alpha} \int_0^1 A_{it}^{1-\alpha} x_{it}^{\alpha} di, 0 < \alpha < 1 \qquad (2-1)$$

上式中 Y_{it}、L、A、x_{it} 分别表示文化产业增加值、劳动力、技术进步与中间投入。以 E 表示文化产业动态能力，则中间投入可以表示为：

$$x_{it} = \beta_i E_{it} \qquad (2-2)$$

其中 β_i 为常数，文化产品的个性化特征明显，文化产品的生产者可以看作是垄断经营。于是，中间投入的成本就是 $R_k E_{it} = \dfrac{R_k}{\beta_i} x_{it}$。其中，$R_k$ 可以看作是文化产业动态能力使用的机会成本乘数，即文化产业动态能力用于生产该文化产品以外所能获得的利息。根据一阶最优化定价条件得：

$$p_{it} = \frac{\partial Y_t}{\partial x_{it}} = \alpha L^{1-\alpha} A_{it}^{1-\alpha} x_{it}^{\alpha-1} \qquad (2-3)$$

则产品的利润为：

$$\pi_{it} = \alpha L^{1-\alpha} A_{it}^{1-\alpha} x_{it}^{\alpha} - \frac{R_k}{\beta_i} x_{it} - wL \qquad (2-4)$$

其中，w 为单位劳动力报酬。通过解最大化条件可得 $x_{it} = \left(\frac{\alpha^2 \beta_i}{R_k}\right)^{\frac{1}{1-\alpha}} A_{it}$。文化产业动态能力的机会成本乘数是给定的，文化产业动态能力的供给与需求出清即 $\int_0^1 E_{it} di = \int_0^1 x_{it} di$ 时，可得均衡时文化产业动态能力：

$$E_t = \int_0^1 \left(\frac{\alpha^2 \beta_i}{R_k}\right)^{\frac{1}{1-\alpha}} A_{it} di = \left(\frac{\alpha^2 \beta_i}{R_k}\right)^{\frac{1}{1-\alpha}} \int_0^1 A_{it} di \qquad (2-5)$$

从公式（2-5）可以发现，文化产业经济发展中，劳动力一定的前提下，文化产业动态能力由技术进步内生的决定。与传统熊彼特模型相比较，资本要素包含在文化产业动态能力之内，是文化产业动态能力的重要组成部分。实际上，公式（2-1）所构建的生产函数将文化产业动态能力内生化，与其他生产要素一起作用于中间投入。可以看出，除了技术进步以外，文化产业劳动者与资本等生产要素均可以作为构成文化产业动态能力的重要因素，那么在文化产业发展中，文化产业动态能力即可以分解成各类生产投入要素。

二、作用机制

文化产业动态能力是综合各类生产要素的能力，本质上是各类生产投入要素的集成。将劳动、资本生产要素引入生产函数得：

$$Y_t = \int_0^1 A_{it}^{1-\alpha} L^{1-\alpha} K_{it}^{\alpha} di, 0 < \alpha < 1 \qquad (2-6)$$

其中，劳动、资本与技术进步一起构成文化产业生产的主要投入要素。类似地，将劳动看作是给定的，并令 $L=1$，则均衡状态下的利润为：

$$\tilde{\pi} = \alpha(1 - \alpha)k_t^{\alpha} \qquad (2-7)$$

其中，$k_t = \dfrac{K_t}{A_t}$ 表示每个有效工人的总资本存量，而 $A_t = \displaystyle\int_0^1 A_{it}di$，表示平均生产参数。

根据（2-4）、（2-5）和（2-7）式可以发现，引入文化产业动态能力的生产函数是对传统新古典生产函数进行了调整。文化产业动态能力通过调整平均生产参数，更好地发挥劳动、资本等生产投入要素的效用，从而对文化产业生产利润产生影响。

上述分析证明，文化产业动态能力确实有其内生的存在，且通过影响平均生产参数作用于生产环节。文化产业动态能力对平均生产参数的影响往往又是通过产业规模、产业资源、生产环境等方面来实现，通过提高文化及相关企业的动态能力，提高文化产业生产率，从而促进文化产业发展。在下文中将详细探讨文化产业动态能力的影响因素及具体表征。

本章小结

本章分析了文化产业动态能力研究的理论基础，阐释了文化产业的性质、特征，探讨了动态能力理论及其应用，进而界定了文化产业动态能力内涵并对其作用机制进行探究。产业动态能力是在企业个体动态能力的基础上形成，它是企业动态能力在总体上的表现，企业动态能力的提升所带来的知识、经验、能力等就会产生溢出效应，从而有利于整体产业结构质量的提升。而文化企业是文化产业的细胞，文化产业则是由众多的文化企业所组成。文化企业动态能力是整个文化产业动态能力的基础，文化产业动态能力则是文化企业动态能力的集中体现和高级化。

研究认为：文化产业动态能力是指文化产业对整体竞争能力进行整合、构建或者重置，以适应快速变化的外部环境的能力，它反映了文化产业在既定路径和市场约束条件下，获取新竞争优势的一种综合能力，它包括文化产业微观层面的动态能力和宏观层面的动态能力。

第三章

文化产业动态能力影响因素分析

根据古典经济学的一般理论，要素供给状况是产业比较优势和提升竞争优势的基本来源。传统的产业要素是在古典经济学对于生产要素分类的基础上形成的，主要包括人力资源、资金、自然资源、技术等，这些构成了产业发展的基本变量。根据迈克尔·波特的分类方式，生产要素则可分为基本要素和高等要素。文化产业是文化与科技、经济相互融合的集中体现，是社会生产力的关键构成部分之一，随着经济全球化的纵深发展、市场化程度的日益提高，制约文化产业动态能力的产业要素在涵盖范围、作用次序上发生了较大变化。要素供给是影响文化产业动态能力因素的一个方面。此外，文化产业动态能力还受到来自于产业其他的内在因素和外部因素的影响，比如，既有来自于文化产业发展战略、体制机制、所处经济环境以及政府行为等宏观层面的影响，同时又受到来自文化产业结构以及文化企业自身微观层面的影响。本书在研究过程中发现国内外学者针对文化产业发展和文化产业竞争力影响因素分析方面取得了一些研究成果。比如：国外学者 ShahidYusuf 和 Kaoru（2005）将文化产业从人力资源、市场差别、开放度及产业结构的差异等方面进行了分析。国内学者赵喜仓、范晓林等（2012）基于产业经济学视角，认为文化产业发展的影响因素表现在文化资源、文化生产、文化消费、文化环境、政府支持、相关产业等，并构建了江苏省文化产业发展影响因素的评价指标体系进行实证研究；王婧（2008）从经济基础、基础设施和政府扶持等方面对文化产业的经济贡献影响进行了回归分析；周锦、闻雯等（2012）运用因子分析法从基础设施、文化人才、文化资源、相关产业及城市经济的发展等因素对文化产业进行了分析；戴钰（2013）运用熵原理从要素禀赋、市场需求、关联产业和政府支持四个方面研究了湖南省文化产业的集聚；章迪平（2013）运用灰色系统理论从经济因素、资源因素、技术因素和市场因素四个方面实证研究了浙江省文化产业的发展；周莹、邓海云等（2014）实证分析了文化产业发展与经济因素、资源因素、技术因素和政策因素的相关性；王志球、汪治、余来文等（2008）认为深圳文化产业竞争力影响因素是市场需求、竞争环境、文化产出水平、相关支持产业、政府行为、文化产业基础设施。而对于文化产业动态能力影响因素的研究尚未有成果呈现。本书依据文化产业有别于其他产业的属性和特征，从文化产业相关政策的驱动性、经济环境的兼容性、人口因素的拉动性、产学研合作的协同性以及产业融合的交融性五个方面把握文化产业动态能力的主要影响因素，并评价这些因素对提升文化产业动态能力相关战略目标和战略制定的影响。

第一节　文化产业相关政策的驱动性

一、文化政策对文化产业动态能力的拉动作用

自 2002 年，文化产业一词在中共十六大报告中首次进入党的文件，到中共十七届六中全会首次确立"将文化产业发展成为国民经济支柱

性产业"。其间，以国家政策作为引导文化产业发展的方向性标杆和推进文化产业发展的基本手段，我国文化产业发展迎来一系列的政策红利期，为文化产业动态能力的提升提供了政策保障。特别是自中共十七届六中全会提出我国文化产业大繁荣大发展的战略决策以来，国务院、文化部和财政部相继出台了近40份涉及推动文化产业发展的相关文件和政策，其中重要政策见表3.1。这一系列文化政策的频繁出台，昭示着我国以加快文化产业发展，推动其成为国民经济支柱为总纲，对文化产业动态能力的提高以及其作用的发挥意义重大。

表 3.1　我国颁布的文化产业相关重要政策

部门	政策
国务院	《关于推进文化创意和设计服务与相关产业融合发展的若干意见》 《中华人民共和国国民经济和社会发展第十二个五年规划纲要》 《中共中央关于深化文化体制改革推动社会主义文化大发展大繁荣若干重大问题的决定》 《国家"十二五"时期文化改革发展规划纲要》 《关于加快发展对外文化贸易的意见》 《文化体制改革中经营性文化事业单位转制为企业和进一步支持文化企业发展两个规定》
文化部	《文化部"十二五"时期文化产业倍增计划》 《文化部"十二五"时期文化改革发展规划》 《文化部"十二五"文化科技发展规划》 《娱乐场所管理办法》 《网络文化经营单位内容自审管理办法》 《艺术品经营管理办法》
新闻出版广电总局	《关于加快出版传媒集团改革发展的指导意见》 《关于支持民间资本参与出版经营活动的实施细则》 《推动国产动画电影发展的9条措施》 《网络出版服务管理规定》 《公益广告促进和管理暂行办法》
其他	《文化产业发展专项资金管理暂行办法》 《关于深入推进文化金融合作的意见》 《关于大力支持小微文化企业发展的实施意见》

2013 年以来，国家以前所未有的力度颁布了一系列促进文化产业发展的政策、管理制度与扶持举措：11 月，党的十八届三中全会提出了"建立多层次文化产品和要素市场，鼓励金融资本、社会资本、文化资源相结合"；随之 12 月，规模 200 亿元的"国家艺术基金"成立。2014 年 4 月，国务院发布《关于印发文化体制改革中经营性文化事业单位转制为企业和进一步支持文化企业发展两个规定的通知》；与此同时，文化部、央行、财政部联合发布《关于深入推进文化金融合作的意见》，该意见更加具体、更有针对性、措施更详细；2014 年 5 月 1 日《国家艺术基金章程（试行）》颁布。这一系列政策出台，体现了我国政府意志中，以及在具体行动纲领中，真正体现了把文化产业发展成为"国民经济支柱产业"，从"国家战略"层面确立其重要地位。

我国"十二五"文化科技发展规划的主要指标中指出："重点围绕传统文化产业的技术改造和新兴文化产业发展，加强技术研发、集成应用和产业化示范，组织实施 8－10 项国家级科技重点项目。加强文化科技战略研究，支持 300 项左右文化科技基础科研项目，系统部署 150 项左右文化领域重要核心技术、关键技术和集成技术攻关，制定 30 项左右文化行业技术标准，转化推广 75 项左右先进适用技术。"2014 年，文化部通过部际合作、项目带动、标准制定、实地调研、载体建设、人才培养等多措并举，完善文化科技创新体系，大力推动文化科技融合，充分发挥并逐步实现科技对文化建设的驱动、支撑和引领作用。我国重点支持的八大高新技术领域中，电子信息技术、新材料技术、高技术服务、高新技术改造传统产业这四个领域与文化产业密切相关，是支撑我国文化产业的技术领域。这些政策和举措为文化与科技的融合发展迎来重要历史机遇，进而提升文化产业动态能力，如表 3.2 所示。

表 3.2 我国文化产业支撑技术领域内容表

	高新技术领域	文化产业领域相关
一、电子信息技术	（一）软件： 1. 系统软件 2. 支撑软件 3. 中间件软件 4. 嵌入式软件 5. 计算机辅助工程管理软件 6. 中文及多语种处理软件 7. 图形和图像软件 8. 金融信息化软件 9. 地理信息系统 10. 电子商务软件 11. 电子政务软件 12. 企业管理软件	6. 中文及多语种处理软件 字体设计与生成技术；字库管理技术；支撑古文字、少数民族文字研究的相关技术；支撑书法及绘画研究的相关技术；语言、音乐和电声信号的处理技术；支撑文物器物、文物建筑研究的相关技术；支撑文物基础资源的信息采集、转换、记录、保存的相关技术。 7. 图形和图像软件 静态图像、动态图像、视频图像及影视画面的处理技术。
	（二）微电子技术	
	（三）计算机及网络技术	
	（四）通信技术	
	（五）广播电视技术	
	（六）新型电子元器件	
	（七）信息安全技术 1. 安全测评类　　2. 安全管理类 3. 安全应用类　　4. 安全基础类 5. 网络安全类　　6. 专用安全类	5. 网络安全类 文化、文物及文物衍生产品防伪技术，包括介质的生产、压印、压膜、标记技术，介质的标签唯一标识技术等。
	（八）智能交通技术	
二、生物与新医药技术	（一）医药生物技术	
	（二）中药、天然药物	
	（三）化学药	
	（四）新剂型及制剂技术	
	（五）医疗仪器技术、设备与医学专用软件	
	（六）轻工和化工生物技术	
	（七）现代农业技术	
三、航空航天技术		

高新技术领域	文化产业领域相关
（一）金属材料	
（二）无机非金属材料	
（三）高分子材料	
（四）生物医用材料	
四、新材料技术 （五）文化艺术新材料 1. 文化载体和介质新材料制备技术 2. 艺术专用新材料制备技术 3. 影视场景和舞台专用新材料的加工生产技术 4. 文化产品印刷新材料制备技术 5. 文物保护新材料制备技术	1. 文化载体和介质新材料制备技术 文化艺术用可再生环保纸（不含木料纸、新型非涂布纸和轻涂纸、轻质瓦楞纸板）、特种纸（包括艺术专用纸张）、电子纸等新型纸的生产技术；仿古纸（包括传统工艺制作的古代书画修复用纸、纸质文物修复用纸等）的生产技术；光盘及原辅材料（包括光盘基片材料、光盘记录材料、甩涂与粘合材料、清洗与保护材料等）的生产技术。 2. 艺术专用新材料制备技术 针对艺术专用品及改进其工艺生产的材料生产技术，包括专用器件、文化资源数字化存储材料等的制备技术；针对艺术需要的声学材料的设计、加工、制作、生产等技术。 3. 影视场景和舞台专用新材料的加工生产技术 用于与文化艺术有关的制景、舞台、影视照明的新型专用灯具器材的新材料、新工艺开发和应用技术。 4. 文化产品印刷新材料制备技术 数字直接制版材料，数字印刷用油墨、墨水，特殊印刷材料等开发和应用技术。 5. 文物保护新材料制备技术 文物提取、清洗、固色、粘结、软化、缓蚀、封护等材料的制造技术及文物存放环境的保护技术。

续表

高新技术领域		文化产业领域相关
五、高技术服务业	1. 共性技术 2. 现代物流 3. 集成电路 4. 业务流程外包（BPO） 5. 文化创意产业支撑技术	5. 文化创意产业支撑技术 数字电影、数字动漫等的生产制作技术；3D、4D、超高清（4K 以上分辨率）、穹（球）幕、巨幕等制作传输和显示放映技术；移动多媒体广播（CMMB）技术；下一代广播电视网（NGB）技术；有线数字电视网络整合技术；数字电影与动漫制作基地支撑技术；文化信息资源共享支撑技术；出版物物流技术；数字版权保护技术；网络视听新媒体发展创新及衍生产品开发支撑技术；3D 打印、人机交互、大数据智能处理等能支撑体现交互式、虚拟化、数字化、网络化特征的文化科技融合技术；艺术品鉴证技术；集成化舞台制作技术，舞台美术、灯光、音响、道具等加工生产制作技术；移动互联多媒体票务技术；文物保护、展览、展示、鉴定新技术。
六、新能源及节能技术	（一）可再生清洁能源技术	
	（二）核能及氢能	
	（三）新型高效能量转换与储存技术	
	（四）高效节能技术	
七、资源与环境技术	（一）水污染控制技术	
	（二）大气污染控制技术	
	（三）固体废弃物的处理与综合利用技术	
	（四）环境监测技术	
	（五）生态环境建设与保护技术	
	（六）清洁生产与循环经济技术	
	（七）资源高效开发与综合利用技术	

续表

高新技术领域		文化产业领域相关
八、高新技术改造传统产业	（一）工业生产过程控制系统	
	（二）高性能、智能化仪器仪表	
	（三）先进制造技术	
	（四）新型机械	
	（五）电力系统信息化与自动化技术	
	（六）汽车行业相关技术	
	（七）传统文化产业改造技术 1. 数字电影、电视、广播、出版技术 2. 乐器制造技术 3. 印刷技术	1. 数字电影、电视、广播、出版技术 2. 乐器制造技术 乐器及其器材加工和调试新技术；MIDI 系统生产调试技术。 3. 印刷技术 传统印刷改造的高新技术；绿色印刷工艺技术；特种印刷工艺技术（包括喷墨印刷、防伪印刷、标签印刷、金属制品印刷、纸包装印刷等）。

注：根据《科技部 财政部 税务总局关于在中关村国家自主创新示范区开展高新技术企业认定中文化产业支撑技术等领域范围试点的通知》（国科发高〔2013〕595 号）文件精神，科技部、财政部、国家税务总局发布国科发火〔2014〕20 号《科技部 财政部 国家税务总局关于在中关村国家自主创新示范区完善高新技术企业认定中文化产业支撑技术等领域范围的通知》，对《关于完善中关村国家自主创新示范区高新技术企业认定管理试点工作的通知》（国科发火〔2011〕90 号）的附件《国家重点支持的高新技术领域（中关村示范区试行)》内涉及文化产业支撑技术等领域范围内容进行整理。

二、文化产业动态能力依赖于投资新机制

我国文化产业动态能力中的最大动力来源之一是政府的直接推动，中共中央和国务院在我国经济、文化发展中具有绝对的权威。众所周知，文化产业资本形成需要文化产业投资，而文化产业投资是解决文化产业资金问题的最直接有效方式，也是推动文化产业发展的根本动力。投入少导致我国的文化产业微观主体普遍存在着较为突出的小、散、弱现象，不利于我国文化产业的做强做大。从金融角度看，以 2009 年为

例，几家大的国有银行用于文化产业的贷款均没有超过1%。

2003年开始，我国实施了文化体制改革，其中文化产业投资机制创新是文化体制改革的重要组成部分。通过文化产业投资机制创新，我国文化产业能够充分挖掘国有文化资源的潜能，形成国有资本、非公有资本、外资、社会捐助、资本市场融资等途径共同发挥作用的文化产业投资新格局，实现"投资主体多元化、投资方式多样化、投资机制市场化、投资准入区别化"；同时，探索建立符合市场规律的文化产业风险投资机制，不断完善文化产业资本市场，建立起文化产业投资新机制市场化模式，如图3.1所示。

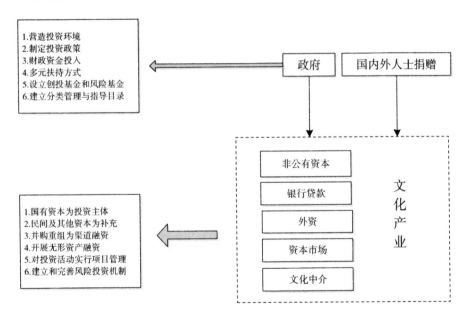

图3.1 文化产业投资新机制市场化模式图

2003年9月《文化部关于支持和促进文化产业发展的若干意见》中提出了由政府投资作为产业引导资金，对于重点文化产业项目的开发与运营给予资金补助和信贷贴息支持。自此以后，我国经济较发达地区均采取了由财政资金安排，设立文化产业引导资金的做法，主要针对那些成长性好、创新能力和市场竞争力强的文化产业项目给予资助，并由宣传文化部门负责管理，财政部门负责监管。实践表明，设立文化产业引导资金或专项资金，并且由此带动项目巨大的总投资，对于推动我国文化产业快速发展和产业结构调整起到了举足轻重的作用，也进一步增强文化产业动态能力。

三、财税政策对文化产业动态能力的支持效应

在我国文化产业起步阶段与逐步形成良性循环的过程中，税收政策发挥了无法替代的关键作用。文化产业的发展无疑需要政府政策的正确引导，提升我国文化产业动态能力，则需要财税政策的有效运用。

1. 现行文化产业税收优惠政策及支持效应分析

我国现行文化产业税收优惠政策主要有流转税与所得税两大类。其一，在增值税方面，主要体现在对文化体制改革和对"走出去"企业的扶持。比如，《关于文化体制改革中经营性文化事业单位转制为企业的若干税收政策问题的通知》（财税〔2009〕34号）规定，剥离党报、党刊的发行、印刷业务以及相关的经营性资产所组建的文化企业，自该企业注册起所有取得的党报、党刊发行收入以及印刷收入等免征增值税；扶持文化企业"走出去"，其中对动漫企业的支持力度较大，《关于扶持动漫产业发展增值税营业税政策的通知》（财税〔2011〕119号）规定，经国务院有关部门认定且由动漫企业自主开发与生产的动漫直接产品可享税收优惠政策，而对于确需进口的商品也部分可享受免征进口关税和进口环节增值税的优惠政策。其二，在营业税方面，对于公共文化服务机构基本实行免税或者给予高度优惠税率。对走出去企业，《财政部海关总署国家税务总局关于支持文化企业发展若干税收政

策问题的通知》（财税〔2009〕31 号）规定，文化企业在境外演出从
境外取得的收入免征营业税，这是对文化企业走出去的重要扶持。此
外，对于重点文化行业，比如动漫、电影等，其扶持力度较明显。其
三，在企业所得税方面，所得税类优惠政策适宜用于对文化产品生产的
调节，对于引导社会力量投资文化活动，增加文化产品供给，进而促进
文化资源合理配置，具有较好的作用，当然其作用的发挥还受到其他因
素的影响。如，对于经营性文化事业单位转制为企业有五年的**免缴企业
所得税**优惠，即从 2009 年 1 月 1 日至 2013 年 12 月 31 日，自转制注册之
日起免征企业所得税；对于新办文化企业而言，则有三年免缴企业所得
税这一优惠；对文化科技企业，可比照高新技术企业 15% 的优惠税率来
征收企业所得税；以及在关税方面，无论是中国文化产业走出去，还是
将世界上最优秀的文化人、艺术家、文化产品等引进来均给予支持。

表 3.3 文化产业相关税收优惠政策

税种		具体优惠内容
增值税	降低税率	从 2009 年 1 月 1 日起，对图书、报纸、杂志的增值税率下调为 13%
	免征	古旧图书、直接用于科学研究、科学试验和教学的进口仪器、设备；广播电影电视行政主管部门按照各自职能权限批准从事电影制片、发行、放映的电影集团公司、电影制片厂及其电影企业缺的销售电影拷贝收入、转让电影版权收入、电影发行收入以及在农村取得的电影放映收入（2009 年 1 月 1 日到 2013 年 12 月 31 日）；党报、党刊将其发行、印刷业务及相应的经营性资产剥离组建的文化企业，自注册之日起所取得的党报、党刊发行收入和印刷收入
	出口退税	出口图书、报纸、期刊、音像制品、电子出版物、电影和电视完成片

续表

税种		具体优惠内容
营业税 免征		广播电影电视行政主管部门按照各自职能权限批准从事电影制片、发行、放映的电影集团公司、电影制片厂及其电影企业缺的销售电影拷贝收入、转让电影版权收入、电影发行收入以及在农村取得的电影放映收入（2009.1.1－2013.12.31）； 文化企业在境外演出从境外取得的收入； 有关单位根据省级物价部门有关文件规定标准收取的有线数字电视基本收视维护费（2009年1月1日起的三年内）
企业所得税	降低 税率	文化企业支撑技术等领域内，按规定认定的高新技术企业，减按15%的税率征收企业所得税
	加计 扣除	文化企业开发新技术、新产品、新工艺发生的研究开发费用，允许按国家税法规定在计算应纳税所得额时加计扣除
	税前 扣除	出版、发行企业库存呆滞出版物、纸质图书超过五年，音像制品、电子出版物和投影片超过两年，纸质期刊和挂历年画等超过一年的，可以作为财产损失在税前据实扣除
	免征	经营性文化事业单位转制为企业，自转制注册之日起免征企业所得税
	其他	从2009年1月1日起，经认定的动漫企业自主开发、生产动漫产品，申请享受国家现行鼓励软件产业发展的所得税优惠政策
关税 免征		从2009年1月1日至2013年12月31日，为生产重点文化产品而进口国内不能生产的自用设备及配套件、备件等

实施文化产业税收优惠政策，主要依赖于其政策本身的合理性以及实施这些政策所处的社会经济环境。从我国文化产业在流转税类和所得税类的税收优惠政策这两方面实施效应来分析（见表3.4），应当说，文化产业动态能力的提升需要税收优惠政策效应的更好发挥。

表 3.4 税收优惠政策的效应描述

优惠政策类型	效应描述
流转税类 ——出口退税政策 ——其他流转税政策	对特定行为的直接干预类激励； 受益主体明确，补偿效应和激励效应强； 受益主体不明确，政策效应不确定，受外部因素影响大，易对市场机制产生扭曲性影响
所得税类 ——税率式与税额式政策 ——税基式政策	事后支持，间接引导类激励； 直接的税后优惠，引导激励的扩张性和持续性效力较弱； 间接的税前优惠，具有较强的引导效应和扩张效应

2. 财税政策增强文化产业动态能力的国际借鉴

20 世纪 90 年代以来，文化产业被众多的国家视为一种支柱产业与战略产业，这些国家纷纷采取各种措施支持文化产业发展，而财税优惠政策的运用则是其中重要的一个方面，尤以美、英、法三国在文化产业中财税优惠政策的实践应用较为突出，其成功做法值得我国文化产业借鉴。

作为文化产业的世界头号强国，美国的文化产业无论是总体规模、发展水平，还是对国民经济的贡献都是世界首屈一指的。美国对文化产业的财政支持思路则认为财政资金应投入到某些非营利机构和基础设施之间，以间接方式引导和鼓励文化产业发展。而在税收环节，通过间接手段支持文化产业的发展，不采取强制手段干预。在美国，所有文化捐助中有近 90% 来自于个人和社会，而政府对于文化捐助所采取的鼓励和法律保护措施对于促进美国文化产业繁荣起到了重要作用，如《美国联邦税法》（The Internal Revenue Code）则明文规定，对法律指定的文化组织，公民个人和企业所捐赠的款物，无需缴纳任何税收。早在

1917年美国联邦税法就明文规定，对非营利性的文化机构与组织免征所得税，以及减免资助者的税额。此外，对于文化产业发展又采取了相应财政支持措施，并给予法律保障。

英国政府为了支持和发展文化产业，以财政投入、税收政策为主体建立政策框架，对多样化的文化产业采取相对适用的支持措施。从税收政策方面来看，英国政府对于按照市场化运作的营利性文化产业，包括音乐业、影像业、出版业、电影业等，则采取税收优惠的方式以促进其发展。比如，英国政府一是利用税收方式作为激励和管理出版业发展的有效经济手段。一直以来英国政府从未对图书、期刊、报纸征收过任何增值税，这就使得图书与其他出版物始终处于零税率状态。二是开辟专项筹资渠道，即为英国电影制作开征伊迪税。自20世纪50年代以来，伊迪税一直成为英国电影制作的主要资金来源，促使了美国公司组建英国子公司来专门生产英国影片，从而取得符合伊迪税基金资助的资格，吸引了美国公司资金的进一步涌入。三是实行差别税率作为英国政府扶持文化产业的重要做法，如：英国政府对一些大学出版社的经营全部予以免税，以资助学术出版。四是对于游戏产业实施出口退税，以支持游戏企业的海外市场拓展。比如，英国游戏企业与中国等国家展开海外合作，那么该企业将在英国获得最高50%的退税优惠。

在文化产业发展的过程中，法国政府通常采取较强的国家干预手段，财税政策的支持作用十分巨大。从中央到地方、从影视出版业到艺术品产业，法国政府都以有力、高效的政策手段大力扶持，使得文化产业在国民经济中占据了举足轻重的地位。法国政府除了在财政支持方面对于文化产业产生巨大影响以外，在税收政策方面，法国是当今世界上拥有最完善的文化产业税收扶持体系架构的国家。

总体而言，世界各国都根据本国的国情制定了文化发展战略和政策原则，其中有直接的财政资金投入支持，也有相关的税收优惠措施。而以财税优惠政策提升文化产业动态能力，进而促进文化产业发展是国际上通行做法，发达国家的经验表明，财税政策是拓展与提高文化产业动态能力，推动文化产业发展的重要支柱。

第二节　经济环境的兼容性

经济是影响文化产业动态能力提升的最基本因素之一。从1978年我国实行改革开放政策开始直到现在，我国经济所呈现着不断持续的快速增长，促使我国发展成为了仅次于美国的第二大经济强国。经济全球化是当代世界经济的重要特征之一，也是世界经济发展的重要趋向。经济全球化使得世界经济活动超越国界而日益成为紧密联系的一个整体。它有利于引进国际先进技术和管理经验、促进产业动态能力发挥作用、加速产业转型升级、拓展贸易空间等，同时，它也会导致国际收支失衡、增加国际金融风险、加剧国际贸易摩擦等。从产业发展的视角可以看出，经济全球化提高了我国各大产业发展的速度。近几年国家不断推进产业结构调整，制定出台战略性新兴产业发展规划，这对于文化产业动态能力而言，结构上的优化意味着生产要素与文化资源配置的优化，能够更好地促进文化产业动态能力提升，并在文化产业结构和总量上都将带来巨大的影响。因此，文化产业动态能力的提升需要有坚实的经济基础作为支撑，从而围绕文化产业构成一个强劲的产业创新与发展支撑体系，以促进文化产业取得竞争优势，经济环境对于文化产业动态能力往往起着决定性作用。

一、我国宏观经济发展态势

1. 国民经济平稳较快增长

据我国国家统计局 2014 年 2 月 24 日发布的《中华人民共和国 2013 年国民经济发展公告》显示，2013 年我国国民经济在新常态下保持平稳运行，呈现出增长平稳、结构优化、质量提升、民生改善的良好态势。全年国内生产总值 568845 亿元，比上年增长 7.7%。其中，第一产业增加值 56957 亿元，增长 4.0%；第二产业增加值 249684 亿元，增长 7.8%；第三产业增加值 262204 亿元，增长 8.3%。第一产业增加值占国内生产总值的比重为 10.0%，第二产业增加值比重为 43.9%，第三产业增加值比重为 46.1%，第三产业增加值占比首次超过第二产业。

2. 第三产业发展强劲

包括文化产业在内的第三产业的增长情况，可以更直接地反映文化产业所处的经济环境状况。从表 3.5 和图 3.2 中可以看出，近年来，我国第三产业占 GDP 的比重、GDP 贡献率呈逐年增长之势。2013 年，我国人均 GDP 约为 7485 美元，城镇居民人均年文化支出占消费总支出的比重为 12.73%，8.78%。

表 3.5　2009—2013 年第三产业各项指标增长情况

年份	第三产业增加值 （亿元）	GDP 贡献率 （%）	第三产业增加值增长率 （%）
2013	148 038.04	43.43	12.71
2012	173 595.98	43.24	17.26
2011	205 205.02	43.37	18.21
2010	231 934.48	44.65	13.03
2009	262 203.79	46.09	13.05

数据来源:《中国统计年鉴2014》。

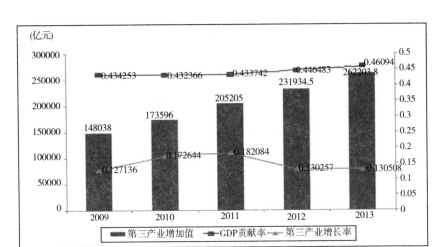

图3.2　2009—2013第三产业各项指标增长情况

数据来源:《中国统计年鉴2014》。

二、宏观经济环境与文化产业动态能力的相关性

经济基础是影响文化产业动态能力提高的最基本的因素之一。纵观发达国家的经济发展史不难看出，在经济发展早期，占主导地位的为农业经济，然后工业经济逐步取代农业经济并占据主导，直至最终为文化经济（知识经济）所替代，文化产业由此出现并发挥作用。文化产业与地区经济发展之间存在辩证统一的关系，同理，文化产业动态能力的提升也与地区经济发展之间存在辩证统一的关系。在文化产业动态能力提升进而拉动经济发展的同时，地方经济发展水平亦反过来影响文化产业动态能力定位和提升的方向。

1. 中国经济进入"新常态"，这是当前和今后一个时期经济社会发展的大逻辑众所周知，作为经济形态之一，文化产业与文化市场的发展与经济发展联系密切，按照文化产业发生、发展的机理来看，因文化本体价值规律的作用，文化产业发展又有某种程度的延后性。新常态赋予了文化产业新挑战、新机遇、新使命，文化产业需要积极应对和适应新常态，因为新常态下文化产业面临消费需求转型升级，资源要素市场竞争加剧，国际贸易环境复杂多变，各类隐性风险逐渐显现等宏观环境挑战。在当前，我国经济形势面临着下行的压力，在此情况下，文化产业如何顺应个性化、多样化消费趋势，通过创新供给激活文化需求？这些都需要不断提高文化产业动态能力，拓展口红效应，引导产业升级，保持文化产业持续增长。

2. 党中央提出的新的发展战略，为文化产业发展提供实践空间

党的十八大以来，党中央提出了一系列新的发展规划，主要有新型城镇化、"一路一带"、长江经济带和京津冀一体化协同发展规划、"互联网＋"等，这不仅为推动区域经济社会发展提供了新路径，同时也为区域文化产业发展、特色文化产业发展以及文化"走出去"规划的实施而谋篇布局；这一切也为文化产业动态能力的提升，并在发展路径和指向上为文化产业进一步发展提供实践空间。

3. 从产业结构调整的角度来看，产业结构调整是未来十年中国经济"新常态"形成的重要根基，是提高文化产业动态能力的基本路径

产业新常态最显著的特点是从失衡走向优化，过剩产业在政策主导下加速出清，新兴产业在市场机制下快速发展，装备业自主创新国产化、服务业高附加值化将成为未来中国产业结构调整的四大方向。特别是基于互联网的现代服务业正改变着世界，文化产业作为现代服务业的重要组成部分，是推动产业结构优化升级的动力。随着经济、社会的发展水平不断提高，人民生活水平有了质的飞跃，物质生活也逐步富裕，

于是，人们闲暇的时间也比过去增加了许多，可以有更多的财力和时间去体验文化及精神消费。比如，人们可以根据自身的兴趣爱好去欣赏音乐会、观看电影、外出休闲旅游等。而文化产业市场的日益繁荣，又反向地要求文化产业结构优化与升级，提供出更加多元化的文化产品和服务来丰富和满足消费者的消费选择，促进文化产业的繁荣和壮大，进而带来了经济的更大发展。

第三节　人口因素的拉动性

文化产业动态能力的强弱受到人口因素的影响，人口因素则决定了文化产业劳动力供给和劳动力水平。从人口因素角度而言，它对文化产业的发展和繁荣存在重要影响，人口不仅为文化产业提供劳动力，而且也在为文化产业提供直接的消费者，二者密切相关，是相辅相成，互促共进的关系。

一、人口状况分析

文化生产与消费的主体是人，人口因素的变化则对文化产业动态能力具有重要影响。2013 年，我国总人口数达到 136072 万人，较上年增长近668 万人，人口总数不断增加，其对文化产品的消费规模也将持续扩大。

2003 年至 2013 年的十年跨度内，北京、天津、上海、江苏、浙江、山东、广东的人口增长均超过 400 万人，而安徽、河南、广西、四川、贵州人口总数呈现递减状态，此现象的出现在一定程度上印证了人口增减与地方经济（其中包括文化产业在内）发展的吻合程度，也说明了我国文化产业分布和发展不均衡与人口因素有关，由此带来的区域之间文化产业动态能力的差异，即我国东部省市的文化产业规模较大、文化产品内容更趋丰富多样化，而西部及经济较不发达的省市的文化产业规模相对较小，文化产业设施单一或缺乏，文化产品范围较窄等。

2013 年总人口数中女性性别比为 48.76%，且连续九年保持增长。女性对于电影电视节目、旅游、报纸杂志、旅游教育服务的需求量较大，带动直接的文化产品消费及文化设施如电视机、照相机等消费量的增大，且女性对于男性的引导作用也会提高文化产品的直接消费量等。2013 年我国 65 岁及以上总人口数为 13161 万人，比重达到 9.7%，呈现持续增长的状态，老年人口的增加对于文化产业的发展存在不利影响。因为现实状况是针对儿童及青年人的文化产品及文化设施众多，针对中老年人的文化产业仍有待加强。因而，丰富老年人文化生活，开发适合老年人的文化产品和服务是文化产业发展的一个重要方向。可见人口中的性别、年龄的差别也会波及文化产业动态能力的发挥。

二、社会流动性

社会流动性的加强和城镇人口居多使得文化产业的地域差异明显，2005 年，我国流动人口为 1.47 亿人，而近几年社会总流动人口增长较快，至 2013 年已达 2.45 亿人，如图 3.3 所示。东部省市如北京、上海、广州经济发达，吸引众多不同地域的人口，文化差异性引发文化产品需求的多样性，文化的交汇融合为文化产业的发展带来新的概念、新的机会和新的空间。此外，东部省市的城镇人口比例较高，且城镇的文化设施基础配备率较高，如：北京、天津、上海的城镇人口比例均达到 80% 以上，东部省市的城镇人口比例均在 50% 以上，城镇人口对于文化产品较之于农村地区有较高的需求。西部及其他经济欠发达地区的省市，农村人口比例偏高，基本保持在 40% 及以上，且农村人口栖居于故乡，这些地区文化产业的发展偏向单线，文化产品较为本土化，主要分布在广播、电视及少部分的群众文化服务等，尤其是收看电视节目成为他们主要的文化产品消费内容，而对于其他文化产品，比如，电影、旅游、教育以及文化艺术服务等的需求量相对较小。这也从一个侧面折射出东部省市的文化产业动态能力提升速度较快，文化产业发展水平较高的原因所在。

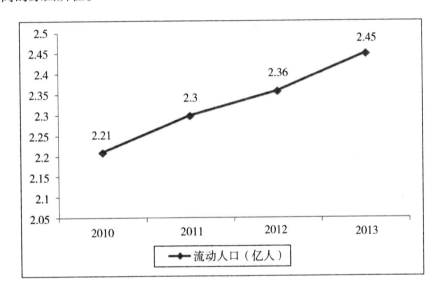

图3.3 2010—2013年流动人口数

数据来源：《中国统计年鉴2014》。

三、消费水平

随着社会生活水平的提高，文化消费的内容愈益丰富，人们在文化产品上的直接或间接支出日益增多，所占比重也越来越高。文化消费结构的转变不仅对于文化产业的增长大有裨益，而且引导着文化产业动态能力的作用方向，对于经济转型和产业优化等均有重要的推动作用。

1. 我国居民的文化消费总量在逐年增长

2013 年全国居民在教育、文化和娱乐项目上的人均支出达 1397. 7 元，占比 10. 6%。其中，2013 年城镇居民的文教娱乐支出达 2294 元，占比 12. 73%，而 2000 年城镇居民的文教娱乐支出仅为 669. 6 元，十多年间其支出增长了 3. 4 倍；2013 年农村居民的文教娱乐支出 486 元，而 2000 年农村居民的文教娱乐支出仅为 186. 7 元，十多年间其支出增长 2. 6 倍。

2. 我国居民家庭文化娱乐产品逐年增加，增势迅猛

2012 年末，我国城镇居民家庭平均每百户拥有计算机 87. 03 台，较 2005 年增长 2. 1 倍；拥有摄像机 10 架，较 2005 年增长 2. 3 倍；拥有移动电话 212. 64 部，较 2005 年增长 1. 6 倍；拥有家用汽车（其中有车载视听）21. 54 辆，较 2005 年增长 6. 4 倍。2012 年末，我国农村居民家庭平均每百户拥有计算机 21. 36 台，较 2005 年增长 10. 2 倍；拥有移动电话 197. 8 部，较 2005 年增长 3. 9 倍；拥有彩色电视机 116. 9 台，较 2005 年增长 1. 4 倍。从以上数据中可以看出，我国城镇居民的家庭文化基础设施消费一直以来都保持了较高的水平，且逐年增长，基本书化产品的较高消费也进一步促进着各种文化服务的较高增长；另一方面，农村居民的家庭文化基础设施消费增速较快，未来农村文化产业发展蕴含潜力。

四、生活方式

1. 随着社会经济的发展，人们的生活水平逐年提高，需求层次也在逐步扩大城镇居民的生活方式已经从单一型向着更加多元和更高层次转变，从原先的消遣型、简单娱乐型向着知识型、智能型转变，有助于提高人们文化素养的文化场馆，如博物馆、展览馆、文化馆等已成为城

镇居民重要的去处，电影、旅游、书店在城镇居民生活中占据重要位置，健身馆、舞蹈房等也慢慢成为居民新的生活习惯与生活方式。农村居民的生活方式也逐渐丰富，由过去看电视、听广播、看戏为主，逐渐融入各种体育活动、观光旅游等多元生活方式。

2. 网络通信技术的发展，大幅提升了互联网覆盖率

根据 CNNIC 调查显示，2007—2014 年这七年间，中国农村互联网覆盖率翻了两番，同期城市互联网覆盖率也出现快速增长。网民总数持续走高，2014 年中国网民总数已达 6.49 亿人，互联网宽带接入用户数持续增多，互联网普及率也不断提高，从表 3.6 中的 2008—2013 年基础电信企业的互联网宽带接入用户数和互联网的普及率中可见一斑。2013 年互联网普及率达 46%，较 2008 年增长了一倍。据麦肯锡调查显示，我国 40% 的网民平均每周上网时长超过 21 小时，且有 37% 的网民平均每周上网时长在 14 到 21 小时之间。

表 3.6　2008—2013 年基础电信企业的互联网宽带接入用户数

年份	基础电信企业的互联网宽带接入用户（万户）	互联网普及率（%）
2008	8343	0.23
2009	10323	0.29
2010	12634	0.34
2011	15649	0.38
2012	17518	0.42
2013	18891	0.46

数据来源：http://www.miit.gov.cn/n1146312/index.html。

3. 手机使用量逐年快速增长

2014 年我国手机网民数达 5.57 亿人，在网民总数中占比 85.8%，手机使用率高达 83.4%，超越 PC 上网终端 80.9% 的使用率，手机作为文化传播载体的地位更加巩固，如图 3.4 所示。

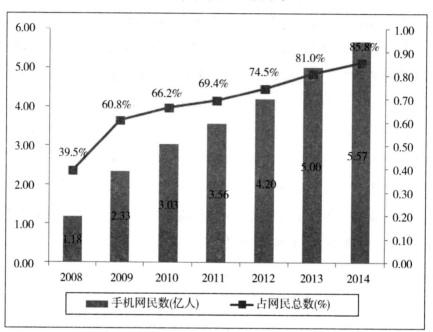

图 3.4 2008—2014 年手机网民数及在网民总数中的占比

数据来源：《第 35 次中国互联网络发展状况统计报告》。

4. 文化传播方式巨变

互联网数字技术、信息技术以及移动通信技术的广泛普及，使得文化传播方式发生巨大变化，手机、平板电脑及可穿戴式设备，给人们的生活方式带来革命，给文化产业动态能力提升提供空间和机遇。

因此，为了引导和适应人们生活方式的变化，以及文化产品形态的变革等，文化产业有必要进一步扩大其传播范围与覆盖范围，提升产业动态能力。

第四节 产学研合作的协同性

随着文化产业的兴起，我国文化产业人才从总体上来说供不应求，人才结构失衡，文化产业人才储备以及文化产业领军人才建设方面尚存不足，尤其缺乏创意策划人才、复合型经营管理人才以及科技与文化相结合的专业性人才。究其原因，现有产业人才与市场需求不相适应，人才培养机制与文化产业发展现实需要之间相脱节，没有形成文化产业产学研一体化的格局，制约了文化产业人才作用的发挥。因而依据相关的法律法规，建立有效的产学研合作机制，才是提升文化产业动态能力的关键之所在。

一、文化产业动态能力提升需要借助于产学研合作机制的有效运作

文化产业产学研合作教育是现代社会的新型教育模式，它是利用高等院校和文化产业组织多种不同教学环境和教学资源，以及产学研各方在利用自身人才培养方面所具有的优势，把书本知识与实践能力相结合的教育形式。文化产业产学研合作教育能够有效解决高等院校教育与文化产业需求脱节的问题，即缩小高等院校文化产业人才培养与文化产业人才需求之间的差距，它是增强学生适应社会竞争力的教育形式之一。

1. 产学研合作机制能够营造提升文化产业动态能力所需人才发展环境

在市场化、全球化条件下，人才是决定文化产业动态能力的因素之一。文化产业是以"创意"为核心，通过技术的介入与产业化的方式生产、传播不同形态文化产品的行业。文化产业的竞争不仅仅是物质资产的竞争，而更重要的是人才的竞争。文化产业人才高度有多高，决定了文化产业能做多大，能走多远。因此引进一批高层次人才，建立一个层次多样化、结构完整化以及分布合理化的人才体系，为文化产业发展提供至关重要的智力保障。通常而言，带动一个人才群体需培养和造就一批高精尖人才，而培养造就高精尖人才就可以带动整个文化产业人才队伍的建设。因此，产学研合作机制在文化产业人才政策，培养创意策划人才、复合型经营管理人才以及科技与文化相结合的专业性人才的培育上多有裨益。文化产业各主体与高等院校、科研机构之间联合建立文化产业人才培养基地，为提升文化产业动态能力和加快文化产业发展提供智力支持与人才保障。

2. 高等院校是产学研合作的源头，是文化产业动态能力提升的重要阵地

高等院校是文化产业产学研合作的源头，在文化产业产学研的实际运作过程中发挥着主要作用。其原因有三个。一是高等院校需要对文化产业相关学科的人才培养模式进行革新。作为一项新兴产业，文化产业所需要的是对文化与市场都有所涉猎的"复合型"人才，对文化产业相关专业的教学关键在于改变长期养成的"专业思维"习惯和心理，在人才培养上向复合型人才转变。文化产业类的院校、专业应该主要培养能够把文化、艺术转化为产品并推向市场的复合型人才，这种复合型人才是以经营能力为核心，以人文素质为根基的特殊人才。二是高等院校需要探索以产学研合作为依托的人才培养新机制。文化产业教育以培养学生能力为着眼点，以促进文化产业相关学科内涵建设为推动力，进行教育创新，具体来说包括学科理论创新、体制机制创新、专业设置与课程体系创新、教学的内容与方法创新、教学手段与管理创新、学习方法创新等多种形式和多个层面。此外，高等院校需要重点培养大学生的

创新能力，鼓励其参与各类实践活动，培养自主创业的精神，进而多层次、多角度地提高大学生的科学素养与人文情怀，扩大文化产业产学研合作的领域和层次，提升产学研合作水平。三是高等院校在文化产业产学研合作相结合这一开放式办学格局中，势必会及时关注和把握国家经济发展的最新动态，与文化产业组织密切合作，对于文化产业生产和服务中的创意、产品和技术等进行研发和开展科研活动。而另一方面，文化产业相关专业学科则应吸纳实践经验丰富的文化企业的管理精英与技术人才，共同组成一类类似于顾问委员会的组织，以听取来自文化产业及其相关产业最前沿的信息，使学生及时了解国内乃至世界文化产业发展的趋势和动态，能始终保证课程设置的合理性和超前性，并参与文化产业相关学科的建设，与高等院校专业教师一道共同研讨专业教学计划制定与修改、课程开发、课程教学、实训实习、技能鉴定、教学评价等教学改革的方方面面。

3. 文化产业园是提升文化产业动态能力的产学研互动平台

作为文化产业产学研的最佳场所，文化产业园区（包括文化产业基地或研究中心等）的建设受到政府的大力支持与鼓励。文化产业园依托高等院校良好的人文、教育、文化、艺术、科技等特色学科以及优秀的人才高地优势，吸引知名文化企业集聚，将研究开发、创意、设计等机构投放在园区内，文化产业园的功能是孵化文化创业企业，培育文化产业领域企业家，吸引和凝聚文化产业人才，建立高等院校相关文化产业专业学生的实验实训基地，提供文化产业产学研互动平台。文化产业产学研各方视园区为跟踪国际先进文化产业水平和带动经济发展的动力源，并与文化产业（如文化艺术产业、文化创意产业、文化艺术消费市场）相连接，共同形成文化产业系统的创新体系，培育文化产业创新人才。对于高等院校来说，文化产业园是其课堂教学和科研的延伸，也是建立固定的实验实训基地的理想场所。高等院校还能借助于文化产业园这一平台推进学生就业等。

4. 文化产业组织是利用产学研合作机制提升其动态能力的主体

人力资本是文化产业的核心资本，人才则是文化产业动态能力提升的不竭动力，是发展文化产业的关键因素。而作为产学研合作重要一端的文化产业组织，产学研合作为其提升动态能力提供便利。第一，文化产业组织自身通过这一模式不仅能获得高等院校的智力和技术支持，从而降低人力资源甄选和培养成本，并能够优先获得所需人才，而且这一模式也使得校企双方的社会知名度与影响力在合作交流中得以提升，这就为文化产业组织的长期发展积累人脉，有效拓展了潜在市场。第二，文化产业组织在自身发展过程中，加大人才培养和职业培训力度，特别是紧缺型人才培养，实现人才就地转化升级。第三，产学研合作也促使文化产业组织更加重视人才，并在合作中更好地建立起人才激励机制，对优秀人才实行"智力资源资本化"，如鼓励专利、技术、管理等要素参与投资、分配，积极引进国内外高级营销、管理人才等，有利于提升产业整体管理水平和市场开拓能力，促进文化产业动态能力的提升。

二、产学研合作机制创新对于文化产业动态能力的影响

人才是文化产业创新的核心。当下文化产业人才供需矛盾凸出，需要加强文化产业产学研合作及其机制创新，建立以教育理念创新作为先导机制，政府宏观调控的磨合机制，科技、教育、文化为支撑的保障机制，文化产业产学研合作供给机制和文化产业产学研合作监督协调机制等，以促进文化产业动态能力的提升。

1. 以教育理念创新作为先导机制

在文化产业产学研合作中秉持以教育理念创新作为先导机制，在教育理念和教育功能的发挥中贴近文化产业生产和服务，并在文化产业教育模式、教育专业方向等方面进行探索，建立高等院校、科研机构与文化产业联合培养人才的新机制。如在教育过程中，借鉴德国"双元制"成功经验，即高等院校为其"一元"，而在文化产业组织里接受职业技能培训则为另"一元"，将文化产业组织与高等院校和科研机构、理论学习与实践技能紧密结合，并贯穿于文化产业产学研合作教育的全过程，形成双元制的长效机制。

2. 政府宏观调控的磨合机制

只有在政府的引导下，高等院校、科研机构与文化产业组织才能紧紧抓住区域文化资源优势与经济优势，实现文化产业产学研合作。因而，在文化产业产学研合作中，建立政府宏观调控的磨合机制，发挥政府整合资源、宏观调控和政策引导的作用等，为高等院校、科研机构与文化产业组织的产学研合作，给予组织、协调、引导和政策支持。

3. 科技、教育、文化为支撑的保障机制

以科技、教育、文化为支撑，为文化产业产学研合作提供保障机制。从科技、文化发展的大趋势看，随着现代信息技术革命的深入，文化产业由原来单一性被多元化所取代。高等院校承担着培养专门人才、发展科学技术与文化、促进现代化建设的重大任务，在学科建设和规划中需要认识到科技产业和文化产业的有机融合是提升区域竞争力的两大杠杆，从而建立起跨学科和多学科整合的文化产业相关学科群。

4. 文化产业产学研合作供给机制

建立和完善文化产业竞争机制，培育多元化、市场化的文化产业生产和文化消费空间，形成富有活力的文化产品生产和服务经营机制。增强产学研合作一体化合作开发效果，在文化产业产学研目标定位、合作形式、合作开发项目、技术供给、资源外流和社会诚信等方面建立合作供给机制。

5. 文化产业产学研合作监督协调机制

对于文化产业来说，商标权、著作权、专利发明和专有技术的拥有权等，是文化产业竞争的核心资本。在文化产业产学研合作中需要建立监督协调机制，并用法律来保障和约束各方在产学研合作中所涉及的知识产权归属和价值确定问题，维护各方利益，使得良性的产学研合作关系得到保障，也便于将取得的科研成果转化为现实生产力。

三、文化产业产学研合作模式对文化产业动态能力的影响

由于经济、文化、教育发展水平的差异，以及各高等院校办学规模、培养目标的区别，文化产业产学研合作并不存在固定模式。例如，通过合作教育的方式来进行培养是一种方式，而通过潜在合作的培养方案来进行则是另外一种方式，等等。这些模式的形成主要依托政府、文化产业专业市场、高等院校、社会中介机构以及文化产业组织等各方的努力而形成，因而在具体的文化产业实践过程中，就形成了文化产业组织带动型、高等院校带动型、社会中介机构带动型、文化产业专业市场带动型和政府推动型等不同的文化产业产学研合作模式。

1. 文化产业组织带动型

文化产业组织是产学研合作的主体，由于它一端联结高等院校，一端联结国内外市场，所以往往是通过给高等院校提供实验实训基地或项目开发的方式，在它的带动下展开文化产业产学研合作。对于文化产业组织来说，凭借其对行业市场的最新动态了解，并有着对项目开发敏锐的判断和强烈的投资热情，再借助高等院校的科研、智力、人才优势弥补自身不足，就形成文化产业组织带动型的产学研合作方式。例如2014 年 9 月北京电视台投入大量资金、技术设施等各种资源建立的

"新媒体产学研基地"正式启动，为中国传媒大学提供产学研基地，该产学研基地还与北京广播电视台所属的北京 IPTV、北京网络广播电视台网站、有线电视、北京大媒体 App 和微博微信矩阵等五大媒体平台全面打通。学生们一方面利用基地得到实习和培训，另一方面还可以将创作的内容和产品在新媒体进行发布和呈现。它开创了中国传媒产业与人才培养融合发展的新模式。

2. 高等院校带动型

高等院校是产学研合作的龙头，以领先的科研成果和配套资金投入，吸引和带动其他主体共同参与文化产业产学研合作的一种模式，该模式也是文化产业产学研合作中比较常见，为高等院校所普遍采用的一种模式。高等院校一方面希望将自己具有优势的科研项目商品化、市场化，转化成文化产业优势；另一方面，高等院校又具备一定的经济实力，能够通过项目开发，获得较高的经济回报。在此情况下，就会出现高等院校带动型的文化产业产学研合作方式。

3. 社会中介机构带动型

社会中介机构充当产学研合作的龙头，以中介机构所具有的网络优势、信息优势等条件，面向市场，广泛地吸纳企业、高等院校参与。这种模式的实质在于通过中介机构整合了高等院校和文化产业组织的优势，形成共同的产业链。我国文化产业中介机构充分发挥了民间主体的沟通、协调、交流和合作作用，主动带动文化产业产学研合作，推动文化产业发展。如成立于2013 年 6 月 29 日中国文化产业协会，其会员有清华大学、中国科技大学等著名高校，以及国内优秀的文化企业，如中国对外文化集团、总政歌剧团、阿里巴巴、盛大网络、恒大集团、深圳腾讯、乐视集团等。这些企业遍布演艺娱乐、网络文化、动漫游戏、影视传媒、工艺美术、文化旅游等文化产业，在业内有着很强的影响力和引领示范作用。该协会着力建设跨越政、商、学界的交流平台，以"搭建平台、提供服务、统筹协调、创新发展"为宗旨，为发展中国文化产业、提升中国文化软实力、推动中国文化走向世界做出了成绩。

4. 文化产业专业市场带动型

随着改革开放的不断推进，各级各类文化专业市场不断涌现，并且这些专业市场的功能在不断拓展，广泛地吸纳了文化产业组织、高等院校，并在此基础上形成了产学研合作一体化模式。专业市场的影响力大，吸纳的范围广，对推动产学研合作具有较强的带动作用。例如创办于2004年的深圳文博会，是目前我国唯一一个国家级的文化产业博览交易盛会。它以博览和交易为核心，全力打造中国文化产品与项目交易平台，有力地带动了文化产业产学研合作，为引领文化改革创新，加快文化产业发展，推动文化产品服务走出去、增强中华文化国际影响力和竞争力做出了贡献。

5. 政府推动型

政府成为文化产业产学研合作的龙头，通过提供一定的土地、优惠政策及配套资金，广泛地吸纳文化产业组织、高等院校参与，因而形成政府推动型的文化产业产学研模式。文化产业集群化是文化产业产学研政府推动型的代表之一。集群化是我国文化产业发展壮大的一个有效途径，同时也体现了文化产业规模化、集聚化、专业化的发展方向。在文化产业集群发展的过程中，政府发挥着提供公共产品和公共服务、加强制度保障以及营造稳定有序的市场环境等职能。比如江苏省苏州市拥有7个国家级文化产业基地，吸引了众多国内外知名文化企业入住苏州，形成大规模的文化产业集群，并且苏州动漫产业的产量，持续位居全国前列，苏州市成为文化产业产学研合作的一个重要地域。

第五节 产业融合的交融性

我国经济发展所面临的国内外环境正发生着广泛而深刻的变化，资源环境保护约束以及科技创新竞争压力日益明显，经济转型与升级要求日益迫切。互联网在颠覆了传统经济规则的同时，也对文化产业的发展起到了变革作用，形成了文化产业新的生态链。互联网与文化产业的深度融合，带来文化领域的裂变与创新，推动了产业自身的整体转型和升级换代，为我国经济发展提供了重要动力。而文化产业规模化、集约化、专业化水平不断提高，助推文化产业与关联产业采取多业联动和融合式发展，实现文化产业动态能力的更大提高。此外，文化创意和设计服务是文化产业中最容易和其他产业广泛联系、发生作用，并能够创造出巨大价值的领域，且只有融入其他产业才能提档升级。提升文化创意和设计服务水平，完善产业链，拓展发展深度，不仅可以使得文化产业动态能力得到快速提升，还可以充分发挥文化溢出效应，促进其他产业在内涵、设计、品牌、服务和管理等各要素上的创新和升级，实现共赢。

一、文化与科技融合彰显文化产业动态能力

科学技术的不断进步与革新始终是文化产业动态能力提升的重要基础和推动力，伴随着世界发展的多极化，经济发展的全球化以及科学技术的飞速发展，文化产业已发展成为当今知识经济中的重要组成部分之一，并且在经济增长中充当着日益重要的角色。

1. 文化产业动态能力提高有赖于科技进步之功

文化作为商品进行生产和消费古已有之，而具有文化内涵是文化产品的重要属性，通常文化产品又具有着创新性与前瞻性并存的特征。文化产品成为大规模的工业化生产，由此带来的文化产业格局、形态、种类等都发生了深刻的变革，而这一切均有赖于科技进步之功。每一次科学技术的进步，不仅带来文化业态的更新换代，而且也助力顺应文化产业发展需要的文化基础设施的进步与完善，具体表现为：科学技术的发展或变革给人们的生活方式和价值理念带来深刻的改变，并形成了一种新的社会风尚；科学技术还作为一种手段，能够整合、利用一个地域的文化传统、文化资源，从而推导出具有地域特征的文化呈现形式；科学技术对文化产业的渗透及影响，主要是借助于文化装备水平体现出来，换言之，文化装备制造水平决定着文化产品和文化服务的技术含量，它也是当下推动传统文化产业转型升级的关键所在。如今，科学技术已渗透并交融到文化产品与服务的创作、生产、传播、消费等各个层面和关键环节，成为文化产业发展的关键支撑点和核心推动力。文化产业要跟上科技变革的步伐，除了在材料、工艺、流程等方面的不断变革之外，需要更加注重技术和设备的更新与变革。而科技创新又为文化产业的发展提供了技术支持，在延伸了文化产业的产业链，提升其盈利水平，逐步改变其运作模式方面发挥了重要作用。

目前，文化产业与科学技术相融合态势已经显现。信息技术、网络技术、移动通信技术等不断发展与进步不仅极大改造了传统文化产业，而且促使一大批新兴的文化业态和文化产品形态生根发芽。以出版业为例，网络化、信息化和科学技术的进步，推动着原有的传统报纸书刊、影视内容的出版走向数字化，自 20 世纪末期开始的内容产业转型，更加凸显了科学技术与文化产业的互动。这不仅带来了新兴文化产业的兴起，而且更为数字化内容产品的升级提供了重要动力。此外，手机、电脑等终端设备的逐渐普及也改变着人们的生活方式和阅读习惯。以数字出版为例，数字出版物的版面处理、数字内容的数字版权保护、Web2.0 技术、数据挖掘技术、知识检索等各种新兴技术、数字产品形式和模式层出不穷，为数字出版发展提供了无限的发展空间，使得出版业正悄然发生着一场深刻革命。

2. 我国文化产业与科技的互动式发展

我国的文化产业具有鲜明的民族特色与本土化区域特色，故外来文化难以渗透与扩张。这一特质能够促使我国科技与文化产业的发展走上一条文化与科技融合创新的自主型道路。这不仅有利于弘扬我国优秀传统文化，而且还能帮助我国掌握文化发展的主导权，提高我国文化与科技在国际领域的竞争力。

经过多年的建设，我国网络信息基础设施在规模与发展水平上都日趋完善，"三网合一"的进程加快，已在文化与科技的相关领域内积累了丰硕成果，为日后文化与科技的协调、全面发展奠定了坚实的基础。在文化装备制造方面，尽管我国文化装备制造业发展水平不高，但是系统集成创新与应用创新的实现正在进行大规模科技革命，从而使得整个文化装备制造产业体系以及文化产业领域的相关技术得到迅速发展。此外，我国文化产业又拥有着极大的市场空间和蕴含着巨大的发展潜力。依据国际经验，人均 GDP 超过 5000 美元，是居民的消费结构向精神文化消费为主的转变时期。而目前我国的情况是人均 GDP 已超过 7000 美元，居民的消费结构应当是物质生活水平层面已得到基本满足，文化消费将逐步成为至关重要的新经济增长点。文化消费需求的提高要求文化产业与科技互动式发展，进一步拓展和提升文化产业动态能力，催生出文化产业新业态以及新的产品和服务形态。

二、文化产业与相关产业融合助推动态能力提升

1. 构成产业价值链的联合经济性生成机理

文化产业与相关产业融合的发展，文化产业已超越自身产业边界，逐步向"创意产业"转变的历程，从而构成产业价值链的联合经济性生成机理。创意和设计服务业属于文化产业的一个分支，其整体实力的提高是推进产业融合的基础，因为创意不是海市蜃楼，它体现的是一种思维方式和能够产生经济效益的实用武器。创意和设计服务较难形成稳定盈利的商业模式，尽管如此，但是它对于文化产业动态能力的提升至关重要，同时它对于其他产业的融合发展和转型升级有着巨大的作用。创意和设计在产业链里延伸的深度也与它所产生的价值成正比。因为创意和设计能够增加相关产业文化含量，延伸文化产业链和提高附加值。比如，创意和设计服务与传统产业相融合，并不断向传统产业的产业链高端攀升，延展产业的价值链，对于创意与设计服务业自身以及它所链接的产业，乃至对传统产业带来巨大经济利益，形成联合经济体。又如，文化产业与信息技术、数字技术结合，以内涵为动力并通过技术手段将文化产业融入高端制造业，如电子行业及数字终端制造业等，进而推动计算机、移动终端及相关电子设备等知识密集型制造业的全面发展与升级，这也为文化产业与制造业融合过程注入强有力的"催化剂"，联合经济性凸显。因此，文化产业动态能力的提升只有从国家战略层面就重视文化产业与先进制造业融合发展，重点发展产品设计、品牌策划等创意产业，制定创意产业与传统产业融合的方向、目标和规划，并从创新型国家中（如美国、日本等）借鉴其成熟经验，充分整合文化产业资源，设立专门的创意促进机构，加以统一规划与指导，具体部署我国创意产业与传统产业的融合发展问题，才能真正实现文化产业动态能

力提升，建设创新型国家。

2. 创意和设计服务与其他产业融合实现动态能力提升

目前市场上很多产品都与文化创意和设计服务业有着密切的关系，且数量还在不断增多，尤其是创意设计与制造业、旅游业、建筑业等行业的融合更为明显。因此，文化产业与其他产业融合发展不能仅仅满足于文化产业内部之间，应充分拓展连接其他产业链并向其产业链的高端攀升，以相关技术发展作为融合基础，为企业提供创意设计咨询服务，进而主动与其他相关产业形成战略合作，深入其他产业的相关层面，实现文化产业动态能力的提升。当下山寨代工、缺乏创新、审美断代等现象普遍存在，创意和设计被分散到各个领域，很多企业只满足于完成中间一部分代工，忽略了主要产生利润的创意和消费环节，从创意到消费的全产业链整合也无从谈起。如一颗珠宝，通过材料、创意、工艺、品牌四位一体价值体系的层层提升，最终销售价值增长了若干倍。因此，不能仅局限于产品设计的融合，在工艺、销售、品牌创建等方面也要加入文化融合的理念，加强创意和设计在全产业链的深度拓展，形成合力，实现规模化发展。创意和设计与相关产业融合的广度可产生叠加放大效应。文化产业和其他产业广泛融合，破除行业间的藩篱，整合各方资源，可以使区域内经济要素和文化要素实现自由流动和优化配置，促进理念、载体、市场的共享融通。同时跨界融合可以推动优秀企业实现跨地区、跨行业、跨所有制发展，创造出新的需求，丰富并催生新的业态，丰富资源利用层次，拓宽产业发展空间，促进集约化发展，使产业发展速度和规模呈几何倍数放大。

然而，如今一些创意和设计却与实际应用处于两个平行层面，有的无法转化为产品流通，有的缺乏形成产品的有效连接通道等。因而我国文化产业要提档升级，提升其动态能力，就要实现从"盲目设计"到

"目标设计"的转变，结合市场发展趋势和用户需求开发出新的创意作品，在实用和艺术中间寻找结合点，通过与其他产业的合作，变创意为产品，引领消费，在促进自身行业发展的同时也带动相关产业发展。只有创意和设计服务品质和实力的提高，才能促使文化产业与相关联的产业融合成为可能。一直以来，由于具备环境与低价人力成本等优势，我国大部分企业满足于低端制造带来的利润，缺乏掌握核心技术和进行转型升级的动力。比如，我国每年生产全球77%的手机，自主芯片却不到3%，关键芯片的设备、原材料等长期依赖进口。分析工信部发布的数据可以得知，我国集成电路进口在2013年高达2313亿美元，同比增长20.5%，长期居各类进口产品之首。芯片只是逐渐陷入困境的中国制造企业的一个缩影。如今，随着原材料、劳动力成本的上升，我们的低成本优势正逐渐消失，同时伴随着科学技术的迅猛发展，机器人等先进技术的发展正不断威胁着人类完成的部分低端劳动。因此，在产品中注入文化创意和设计，形成新的附加值，向着相关产业的产业链上游攀升显得刻不容缓。其他相关产业需要主动与文化产业寻求融合，提高对创意设计的重视程度，在产品及产业链中主动融入文化创意和设计，加强设计研发投入，注重创新和凝练文化创意团队，使得文化产业和相关联产业的动态能力都得到提升和加强。

本章小结

通过研究，本书发现文化产业动态能力影响因素主要有文化产业相关政策的驱动性、经济环境的兼容性、人口因素的拉动性、产学研合作的协同性以及产业融合的交融性等。本章认为文化政策对文化产业动态能力具有拉动作用，文化产业创新发展需要投资新机制，分析税收政策对文化产业动态能力的支持效应。文化产业动态能力的提升需要坚实的经济基础作为支撑，其动态能力的强弱受到文化产业劳动力状况和水平的影响，因为就文化产业而言，人口不仅为文化产业提供劳动力，同时也为文化产业提供直接的消费者。产学研合作的协同性以及产业融合的交融性等方面对于文化产业动态能力的影响依次进行了分析。

第四章

文化产业动态能力表征

我国文化产业发展处于动态的、非线性的成长过程中，在大数据、互联网、移动通信技术驱动下，文化产业的竞争环境发生了重大变化，新的竞争规制、经济规律和经济效应不断出现，构成了新的文化产业竞争环境，而这种新的文化产业竞争环境又呈现出更强的动态特征。在动态环境下，文化产业需要不断发现、创造、接榫和定位新的、潜在的市场机会，并且需要将与产业组织相关联的外部环境的变化和组织内部的资源配置、核心能力的发挥加以有效组合。将动态能力理论与文化产业发展相结合，并以该理论为分析工具，分析文化产业的发展方向与动态能力是一种合理与可行的方案。因而，就文化产业而言，我们需要进一步厘清与找准动态能力的关键维度及其作用机制，从而为文化产业动态能力提升找到落脚点。

第一节　文化产业动态能力关键维度的协同

我国所面临的国内外环境正发生广泛而深刻的变化，文化产业如何把握时代脉搏，抓住发展机遇提升其动态能力已成为当务之急。本书从文化产业自身特性出发，根据其所处的动态变化形势需要，并依据动态能力理论认为：文化产业动态能力表征主要体现在学习吸收能力、战略转型能力、资源整合能力和变革创新能力四个关键维度方面。首先，学习吸收能力能提高文化产业要素生产率，有利于不断从外界汲取新的养分从而提高文化产业动态能力，它是文化产业动态能力的首要表征。其次，战略转型能力通过完善文化产业组织战略，提高其战略规划与执行能力，从而提高文化产业动态能力，战略转型能力是文化产业动态能力的重要表征。再次，资源整合能力作用于文化资源的利用，提供新的生产投入要素，从而扩大文化产业动态能力，资源整合能力是文化产业动态能力的基础表征。最后，变革创新能力同样作用于文化产业层面，依赖技术进步与创新驱动来促进文化产业创新力，提高文化产业动态能力，变革创新能力是文化产业动态能力的关键表征。因此，本书认为文化产业动态能力这四个关键维度恰恰体现了文化产业动态能力的重要表征之所在，而这四个维度的关联又构成文化产业整体协同力的生成。它们对于梳理文化产业动态能力的发展规律，构建文化产业动态能力评价体系，提升文化产业动态能力均具有重要的理论意义和实践价值。

学习吸收能力、变革创新能力、战略转型能力和资源整合能力是文化产业动态能力的关键维度，这四个维度的协同和相互作用，助推文化产业动态能力的提升，进而促进文化产业的发展，如图4.1所示。

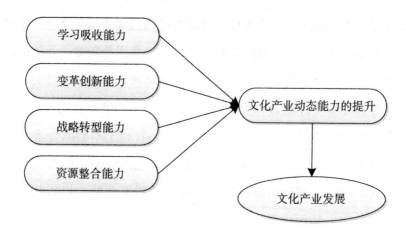

图 4.1 文化产业动态能力结构图

第二节 学习吸收能力

学习吸收能力是文化产业整体及其产业内的每个行业和组织获取、评估并利用内外部知识的能力。随着经济全球化、网络化、信息化的迅猛推进，知识、信息的迅疾更迭与高速扩容正不断发生，文化产业为了获取生存发展空间和持续的竞争优势，关键在于内外兼修不断地学习，增强超越竞争对手的学习吸收能力，通过干中学提高文化产业动态能力，从而提高产业生产率、提高生产要素的利用率。如一个具有很强吸收能力的文化产业组织，它必定具有强大的向同行学习的能力、将外部信息整合为我所用的能力，以及将它们转变融合成产业内嵌知识的能力。因而，学习吸收能力正日益成为文化产业最重要的动态能力之一，它不仅有利于促进文化产业不断创造和开发新知识，而且使得文化产业能够灵活地、不断地应对着动态变化的环境。

一、学习吸收能力的内涵

组织学习的思想可追溯到（Senge）提出"五项修炼"（即系统思考、自我超越、心智模式、共同愿景和团队学习），此后逐渐盛行起来。学界对于学习吸收能力在不同的角度有不同的理解，而被学者们最为广泛认可的学习吸收能力的定义，是由 Cohen、Levinthal 在 1990 年合作的文章《知识吸收能力：研究学习和创新的新视角》一文中所表达的"产业识别外部新知识的价值，通过产业知识整合和应用，取得商业成果的能力"。Cohen 和 Levinthal 对吸收能力的研究做出了巨大的贡献。后续学者在此基础上对吸收能力的定义做了进一步的拓展。

Mowery 与 Oxley 于 1996 年从国家层面出发，对于吸收能力的概念做出了界定，认为吸收能力是一系列用于处理技术转移中隐性知识和国内产业对国外引进技术的改进的技能。Kim 在 1998 年时提出观点，认为吸收能力包括学习能力和问题解决能力。Lane 与 Lubatkin 也是在 1998 年提出了"相对吸收能力"这一概念，认为：对于组织吸收能力的分析，应该是基于组织之间相对应的关系之上，而学习吸收能力则取决于组织之间知识水平的匹配程度。他们认为学习吸收能力是产业感知、消化和应用外部知识的能力。Zahra 和 George（2002）基于动态能力理论的观点，则将学习吸收能力定义为产业获取、消化、整合及利用外部知识的一系列组织惯例和过程。

学习的目的是通过反复的实验将工作质量和效率提高，以组织整体为单位的统一学习过程，集体思维和智商是其精髓，对于先进知识的掌握与理解有利于整体工作进程的改进。整体的学习行为常常体现为组织行为的变化，而组织行为的变化往往是由组织中每个人的特征和技能所决定的，同时也深受组织结构和管理方式的影响。由于这两者的不同，最终显示出来的学习的效果自然也是大相径庭的。组织在反复的学习过程中储存大量的先进知识并运用于活动当中，最终形成组织新的习惯与能力，进而改变人员工作方式，为问题的解决提供新的解决方案。与个体的知识学习相比，这种学习吸收更强调的主体是组织与团队。

二、学习吸收能力是文化产业动态能力的首要表征

文化产业的学习吸收能力是一个不断进行干中学、不断深入的动态过程。其学习吸收能力主要体现在三个阶段：搜寻探索阶段、转化整合阶段、深入开发阶段，经历这样的过程，最终将外部的知识转化成为自身的知识创新的能力提升。

1. 搜寻探索阶段

搜寻探索阶段是对外界信息的获取和理解，文化产业要完成搜寻探索学习，需要具备知识搜寻能力和知识辨识能力。对知识进行搜寻要求文化产业必须开拓、完善知识获取来源，同时能够快速洞察外部信息对自身的有效性和可用性。此时，文化产业的战略显得尤为重要，只有产业自身拥有的知识以及外部来源的新知识符合产业未来的发展需要，知识的搜寻与探索才是准确高效的。知识辨别的主要任务是根据已经获得的外部知识，确定知识的战略地位及其对于产业发展的贡献与价值。如果只停留在外部信息的搜寻，却对信息的地位与价值缺乏关注，对知识的评价与利用就无从开展。知识辨识阶段除了需要清楚信息的地位与价值，还离不开个体综合素质的提升以及组织环境氛围的构建。

2. 转化整合阶段

转化整合阶段是学习吸收能力的核心中间环节，关键就在于对有效知识的合理整合。文化产业获取外部知识后，知识的有效性直接体现为其能否被产业利用，促进产业改革创新，为产业的创新发展注入全新的动力。对文化产业而言，外部知识大多是全面、复杂、模糊的，转化整合相对困难，工作量较大；需要产业内的部门和组织有极强的吸收意愿和解码能力，员工之间需要不断进行交互式学习，对获取的知识有一个共同的认识，有助于知识的深加工。新知识与产业原有知识相融合，新知识从而由外部知识而转化为内部知识。

3. 深入开发阶段

深入开发阶段是把已经消化的能力用于商业用途，把知识进行外化。文化产业将知识消化、转化后，并不代表能够真正为产业所用，由于外部环境的变化、科技的突飞猛进等对产业将知识转化为成果提出了更高的要求。如上所述的文化产业搜寻探索阶段、整合转化阶段、深入开发阶段的学习能力并不是独立的，而是互相依存的。三大阶段相辅相成，相得益彰，形成一个完整的学习吸收系统。

4. 知识转移与学习吸收能力

许二明与陈茵（2009）在他们关于知识吸收能力的研究中指出：知识转移、知识吸收能力本质上是相同的，是同一问题的两种不同的体现。知识转移即知识从一方传递到另一方的过程。知识是由信息组成的，知识转移是主体间信息传递的"沟通过程"。龚毅、谢恩（2005）认为：产业的知识转移能力由获取、整合、转化、应用四个方面构成。而这四者之间的关系可以用一个知识吸收能力矩阵进行形象化的描绘。

文化产业知识转移与知识吸收能力的转换过程为：首先，产业从其外部获取知识，接着将其所获得的知识加以整理融合，然后将自身经过整理融合后的知识再转化为能够为自己所用的知识，最后将这些知识在产业的具体实践中加以应用。也就是说，产业将其外部的知识吸收利用，使自身发展得到新知识、新技能、新方法的不断充实，最终达到促进产业发展的目的。图4.2中知识获取、整合、转化、应用四个方面存在关联，缺一不可。文化产业通过这四个维度知识性质的变化提升其学习吸收能力，从而实现知识性质和数量的不断增大。此外，文化产业在经历了上述四个维度的转化后，学习吸收能力的发展并未终止，这个过程循环往复，周而复始。1995年，Brower 和 Christensen 在他们的研究中指出：产业知识学习吸收能力好往往体现在能够根据市场的需求搜寻、整合知识，并适时对知识进行改造，而知识学习吸收能力又将反过来影响获取知识能力（Nonaka，1995），为产业获取新知识打下基础，至此，四个维度又开启了新一轮的循环。如此往复，产业的学习吸收能力将得到不断的提升。

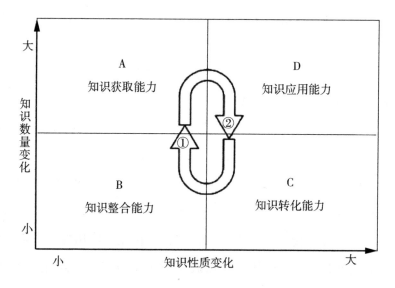

图 4.2　知识吸收能力维度矩阵

三、文化产业学习吸收能力要素及现状分析

文化产业知识吸收能力注重于外部信息的汲取、整合和内化，即产业认识其价值并吸收和应用于产业中的能力，主要包括产业内员工素

质、员工培训、对外考察交流、信息获取、工作学习研讨、学习激励机制、沟通渠道、虚拟组织、组织弹性和灵活性等。

风靡世界的"迪斯尼"是美国的一个重量级文化品牌，其成功因素之一是其较强的学习吸收能力，在尊重文化差异的基础上进行文化整合。迪斯尼系列主题公园横跨美洲、亚洲、欧洲，其中大多数员工是从当地招募的，并且员工众多。这些来自世界各地的迪斯尼员工除了肤色和语言的不同以外，还存在不同的文化习惯与思维方式。迪斯尼的管理者们意识到在自身企业中的这种文化差异，他们尊重这种差异，提高整个组织的学习吸收能力，吸收各种文化中的精华，提炼出共同的价值观和思想来增进员工之间的理解与共识，即每个员工都是迪斯尼大家庭中的一员，是迪斯尼的主人，乐园的兴衰、荣辱与每个员工的利益息息相关，员工们相互间和睦、愉快地相处，塑造属于自己的产业文化。而另一方面，迪斯尼提高其产业现代化管理力度，并通过兼并重组等商业运作手段，调整公司业务结构，经过一系列商业运作，如今已发展成为集广播电视、书刊、出版、音乐、影视动画节目制作、代表性品牌产品于一身的世界上规模最大、经营范围最广的综合性文化娱乐和媒体公司。迪斯尼这一文化产业的典范对于发展中的中国文化产业来说具有经济的借鉴意义。

随着世界经济全球化、信息化、网络化的进一步加深，文化产业之间的竞争压力也随之加剧，依靠文化产业自身所能获得的资源毕竟有限，往往不能满足自身进一步发展的需要。因此文化产业想要在竞争如此激烈的环境下取得发展，就必须寻求合作伙伴，互助互利，实现共同发展。在全球化的今天，虽然我国文化产业，尤其是大型文化产业纷纷参与了不同形式的技术同盟，不断拓展新的合作伙伴，但这些同盟与合作伙伴关系多致力于生产技术问题的解决。与此同时，在发达国家，一些产业内主体间合作的重点领域主要集中在开发新产品上，对于具体产品的生产并不太关注。这与发达国家产业多在发展中国家建立"代工厂"的生产模式有关，也在一定程度上说明了在学习吸收方面，我国的文化产业目前仍处于较为低端的初始阶段，不能更好地转化、应用知识。

四、学习吸收能力对文化产业动态能力的影响

文化产业对外界环境的掌握能力与文化产业的学习吸收能力有着密切的关联，二者呈现正相关的发展态势。具有学习吸收能力优势的文化产业，相较于一般产业而言，可以有效地根据自身需求，获得文化产业发展所需要的资源与优势，把握文化产业发展命脉，并且在其产业竞争中立于不败之地。Jane、Salk、Lyles 在 2001 年将墨西哥跨国合资企业作为样本，提出了跨国合资企业学习与绩效模型，采取问卷调查法的方式，探究企业的学习吸收能力与绩效收益间的相互关系及影响机制。研究结果显示，学习吸收能力能够促进跨国合资企业从海外母公司学到知识，应用该能力则会提高跨国合资企业的绩效水平。维克托等（2007）研究中，以西班牙的 246 家技术公司为样本，论述了产业学习吸收能力对于产业创新的影响。结果证实，在技术型产业中，学习吸收能力的提高能够带动组织创新能力的发展。如一个学习吸收能力较强的企业，它的产品往往存在技术壁垒，不易被竞争者模仿，进而以这样的优势在与对手的竞争中获得成功。Zahra（2002）则认为一个学习吸收能力较强的企业，它能够有效鉴别知识的价值，在动态发展过程中，根据自身需求和外部环境的变化获得知识，最终影响企业创新能力。往往这种影响是持续的、贯穿于整个学习吸收过程之中的。产业知识溢出和创新绩效与产业的学习吸收能力有着密切联系。学习吸收能力不仅对知识溢出和

创新绩效有促进作用，而且对于技术创新更加具有直接的决定作用。

　　总之，学习吸收能力有利于将同行业的，以及其他领域的知识引入本产业内部，使得产业能够得到更加快速的提高与发展。文化产业的学习吸收能力通过一系列复杂的过程，影响产业对外部知识的获取，学习吸收能力与外部知识获取能力有显著的正相关关系。掌握环境信息的能力越好，同时就更有能力将有价值的知识吸收、转化、融合来为文化产业创造价值。

第三节　战略转型能力

一、战略转型能力的内涵

　　Miller 和 Friesen（1978）认为"战略"是指组织中不同要素在特定条件下共同形成的"共同构造"，而这样的"共同构造"要与组织内部、外部的环境相适应。战略因素涵盖产业发展过程中的各个阶段和所有环节，微观至具体业务拓展、产品研发、产品销售、人才管理和团队建设等各个方面都体现产业的战略，其中，产品研发战略是产业创新的核心和"生命线"。一般来讲，战略内容的调整主要是指战略定位的变化，即利用产业自身优势，判别产业发展阶段和运行特点进行重新规划与布局，以及根据竞争手段与战略行为的变化而进行的产业战略内容调整。同时与其相对应的战略过程也随之而调整。

　　实质上，战略的转型就是由一种发展模式演变成另一种发展模式。产业战略转型能力是产业基于自身未来发展的需要，通过对自身的内、外部资源和能力进行分析后，提出适应自身和时代发展的战略决策，然后将决策完整地付诸实施的能力。产业战略转型不仅仅是战略内容的改变，更重要的产业文化、组织结构与管理体系等各要素发生的战略性变化（Greiner & Bhambri，1989）。产业战略转型主要包含两个方面：内容的转型和形式的转型（Ginsberg，1988）；Yokota 和 Mitsuhashi（2008）发现，是否改变战略决策的过程是管理者能否推动战略转型的关键。因而战略过程实际上就是为了实现产业的现有资源与外部环境的匹配而进行的调整与转变。由此可见，战略转型能力所体现的是一个复杂的动态过程。

二、战略转型能力是文化产业动态能力的重要表征

文化产业战略转型是由于文化产业所处的环境、战略因素和战略内容等均发生变化，所做出的文化产业发展战略的调整或转变。当今世界竞争日益加剧，各国普遍进入产业结构调整的深刻变革阶段。随着我国产业结构转型升级与优化，作为我国国民经济支柱性产业的文化产业，其战略转型以及产业结构的优化与升级至关重要。而对于当下的我国文化产业而言，本书认为文化产业的战略转型能力主要体现在四个维度方面，并覆盖战略转型的全过程，主要为文化产业战略分析、文化产业战略选择、文化产业战略执行与文化产业战略评估。对于一般产业而言，战略分析能力主要是对内外部环境和产业现有资源的分析能力；战略选择能力是指对转型的目标和内容的确定能力；战略执行能力主要涉及转型支持系统的构建和资源分配的执行能力；战略评估能力是指对战略实施结果的客观准确评估的能力。因此，文化产业战略转型就是对于文化产业发展，特别是面临转型升级与结构优化过程中，所反映出来的文化产业的一种特殊的动态能力。通过战略转型，一是打破产业原有的平衡，二是使得文化产业朝着更加适合自身发展需求和外界环境变化趋势

这样的动态方向发展。因此，文化产业动态能力与战略转型能力是相辅相成的，文化产业进行战略转型就必然需要更新自己的动态能力，而动态能力的加强又进一步促进和保证了文化产业的战略转型成功。

　　文化产业是一个特殊的产业，它具备一般产业的共性，同时有着自身的要素禀赋特性。文化产业的要素禀赋主要包括物质禀赋、非物质禀赋以及人才禀赋，后者尤其重要。从短期看，文化产业需要充分利用一些现有的有限资源，而从长期考量文化产业则需要对使用新资源和新技能进行不断融合的能力，即适应环境变化的战略转型能力。以传统纸媒为例，现阶段信息技术和移动互联网技术的高速发展，网络带来的快捷与方便，使得读者对网络媒体趋之若鹜，外部环境（新技术的更新、消费者的偏好改变），使得传统出版产业的动态能力面临着前所未有的战略发展机遇，同时也面临着由于信息化和网络化所导致的产业停滞不前甚至是衰退的压力。传统文化产业应当审时度势，根据自身的特点和优势，顺应时代变化，紧紧围绕市场需求，制定有利于产业动态能力发展的动态策略，适时进行战略转型。通过战略分析、战略选择、战略执行、战略评估等一系列环节，对于那些不适应产业发展的能力要素加以去除，使得文化产业动态能力得以提升和巩固。当文化产业动态能力累积强化到一定程度后，产业的经营方式、盈利模式就会发生质的飞跃，战略转型最终会得以实现。例如，作为世界上规模最大和国际化程度最高的传媒公司——新闻集团，早在 21 世纪初就开始重视数字化技术的变革。2008 年，新闻集团便将数字化业务作为核心业务，并且将数字化作为核心战略。新闻集团不仅使旗下传统业务（如报纸、电影等）以数字化形态呈现，而且推出了全新的数字业务形态。透过新闻集团的表现可以看出数字化转型是其重要的战略，其战略内容主要集中于内容数字化、传输平台数字化和数字专利技术。

三、文化产业战略转型能力要素及现状分析

文化产业战略转型能力要求文化产业在自身的经营与发展过程中，应对目前正在实施的战略方向或线路，根据现实情况的变化、未来的发展趋势以及文化产业的微观企业所处的生命周期，加以判断、调整和改变，包括战略规划、战略目标、项目或产品布局等。比如，对于成长期的文化产业来说战略转型是一种特殊的决策，是对于产业过去的决策进行追踪，洞察判断其环境变化和未来发展趋势所做的适度调整。此外，文化产业的战略转型能力还受到产业核心能力、企业家行为以及产业文化等因素的影响。

近年来，世界经济面临的不确定性、不稳定性因素增加，大国间的政治、经济的博弈愈演愈烈，深层次矛盾和问题逐渐显露出来；国内经济发展进入新常态，体制机制弊端和结构性矛盾凸显，转型改革处于攻坚阶段。在这样的大环境下，我国文化产业正积极进行着产业战略转型。然而，相较于国外文化产业的战略转型，我国文化产业转型状况不容乐观，转型成功的案例也不多，究其原因，主要是存在着理念方面的问题。一是文化产业尚缺乏对战略转型的全面准确认识。文化产业的战略转型不是简单的某一方面的转变，是文化产业整体以及产业内各行业和微观主体共同的认识和行动。就作为文化产业的细胞——各微观主体而言，需要对其战略和发展趋向上，包括企业文化、组织结构与管理体系等各要素发生的战略性变化进行全面认识和准确定位，只有文化产业微观主体认识到战略转型的必要性，才能形成整个文化产业的战略转型。但是，目前文化产业战略转型的认识多数还停留在较为浅显的层面，往往只关注战略内容的变革，而忽视影响战略内容形成的各要素的变化。二是文化产业战略转型的动因不明确。影响文化产业转型的因素

主要包括宏观环境因素和产业内部因素。目前现实的情况是，我国文化产业中大多数微观主体的战略转型往往是在发生了一定程度的发展危机之后，由于自身原来的发展战略使得产业效益出现了不断下滑的趋势，甚至危及了自身的生存，而不得已被动进行战略转型。因此，相比于文化产业危机出现之前，主动地根据环境和自身特点适时进行主动的战略转型，这才是一种重要的动态能力，而被动的战略转型只会给产业带来更大的震荡和冲击，甚至使得产业的根基发生动摇。

四、战略转型能力对文化产业的影响

经济社会的高速发展，使得产业发展战略的生命周期变得越来越短。文化产业在瞬息万变的市场竞争中保持持续的动态能力变得愈加困难，战略转型能力则对于完善文化市场、提升文化产业动态能力至关重要。国外的文化产业实践对于我国文化产业发展具有借鉴意义。那么怎样使我国文化产业战略转型能力不断提升？这是我国提升整个文化产业动态能力所面临的重要课题。

一般而言，适时进行产业战略转型，有助于产业发掘和开拓新的领域，从而为产业赢来新的商机，提升产业动态能力。文化产业也是如此。因为文化产业的战略转型有利于文化产业整合技术、资源、劳动力等，增强抵御技术、市场、政策等风险的能力，进而能够提高文化产业的动态能力，壮大文化产业的实力。比如，IT业巨头中兴公司始终处于高速发展，在市场淘汰率极高的IT行业中屹立不倒，这与其七次及时的转型密切相关。在其他诸多文化产业的发展历程中也不乏战略转型的成功案例。这些战略转型的实现，一方面是因为产业外部环境的波诡云谲，另一方面也源于产业自身追求持续与成长而对原有战略空间的拓展。

　　文化产业战略转型能力对文化产业发展的速度和效率有着重要影响。对于我国传统文化产业来说其亟需实现有效的战略转型，即进行新的市场调整，开拓新市场，打造新的文化业态，提供新的文化产品和服务，扩大文化消费等。诚然，文化产业的承载能力越大，则越能吸引越来越多的劳动力转移到文化产业，能够有效地拉动国内市场对文化产品和服务的需求，而现代高科技的创新，移动互联网时代的到来，科技产业的高速发展，都为文化产业的发展注入新的活力，为我国文化产业大繁荣、大发展提供了条件。另一方面，依托各国文化禀赋和优势发展文化产业成为一种趋向。中华文化资源丰富，源远流长，和世界各地的文化又形成很强的互补性。因此，我国文化产业需要发挥自身特点，结合我国特殊国情，注重创新在文化产业发展中的重要性，把握我国文化产业的优势与方向，积极参与国际文化分工合作，打开文化产业国际市场，提升我国文化产业在国际市场上的份额，实现我国文化产业走出去战略。

　　总之，随着全球化、信息化、网络化的到来，文化产业所面临的市场环境越来越复杂，产业的发展越来越趋于动态化。文化产业动态能力的可持续性取决于产业战略能力的强弱。我国文化产业应抓住机遇，主动寻求战略转型，拓展新的发展领域和新的空间，构建自身的动态能力。

第四节　资源整合能力

　　由于市场始终处于不断发展的动态过程之中，产业要想保持在所属行业的领先地位，并且把握市场竞争的主动权，就必须具备不断地从外部获得有效的资源,与产业原有资源进行整合与开发的能力。文化产业的生产要素或资源要素包括技术、材料、创意、版权、知识、信息等,而这些要素质量越高,优化整合的手段越灵活,则文化产业的整体效益就越高。文化产业在高新技术的推动下,发展可谓是日新月异,不仅文化产业资源整合的内容发生了巨大变化,而且其资源整合的基础也发生了深刻变迁。因此,有效的资源整合对于文化产业动态能力提升尤为重要。

一、资源整合能力的内涵

资源整合是指产业对不同类型资源进行识别、选择、汲取、配置、激活、融合,使得资源具有较强的柔性、条理性、系统性和价值性,并在此基础上创造出新的资源的一个复杂的动态过程。学界对资源,尤其是产业资源的定义众多,如:沃纳菲尔特认为产业资源对于产业的影响是不定向的,促进和阻碍特定产业发展的事物都可以称之为资源。巴尼(1991)则指出:资源有三个方面的特点,即能被公司控制;能够提升公司战略布局,给产业带来效益;涵盖产业的资产、组织结构与能力、信息、知识等各个方面。产业资源不仅包括有形资源(如资金、固定资产、存货等),还包括无形资源(如美誉度、品牌、积淀、知识产权、知识和信息等)和组织能力(如提高产业生产、管理效率和效果方面的能力等);不仅包括产业拥有或控制的资源,而且还包括那些不能或不易为产业所控制的资源;既包括产业内部资源,也包括产业外部资源(如由于地域因素所导致的某种有特色的文化产业,往往是与当地有特色的文化资源相适应的)。

产业资源整合能力体现在三个方面。一是内部资源和外部资源的整合能力。产业根据自身发展需求吸收外部资源,进而推动外部资源与内部资源之间的衔接、融合并激活产业内外资源，充分发挥资源的效率。二是个体资源与组织资源融合的能力。个体资源可以转化为组织资源，同时个体资源也是组织资源的载体。三是新资源与原有资源整合的能力。新资源的存在可以使原有资源得到激活，焕发活力，同时原有资源也会推动新资源不断涌现。

二、资源整合能力是文化产业动态能力的基础表征

由于市场处于不断发展的动态过程之中，产业要想保持在所属行业的领先地位、把握市场竞争的主动权，就必须不断地从外部获得有效的资源，与产业原有资源进行整合与开发，而有效的资源整合则对于文化产业发展尤为重要。资源搜集、整合与开发的效果决定着文化产业成功与否。而 Eisenhardt 和 Martin 在其研究中指出，资源往往以静态形式呈现，无法满足产业生存发展环境动态变化的要求，需要从动态发展的角度思考问题，以期保持产业持续的行业竞争力。动态能力的优势正在于此。如 Tampoe 在 1994 年的研究结果显示，资源的获取是产业获得发展核心能力的基础；Wu 在 2007 年的研究则表明了资源与动态能力的关系，认为产业的资源越多，尤其是拥有的外部资源越多，动态能力提升就越有可能，产业业绩也会随之提升。在文化产业发展进程中，有这样一些文化产业组织，在经历了最初的辉煌后便很快走向沉寂和衰落，而公司成立之初具有的资源优势和由此获得的新资源在有限的时间内也消耗殆尽，一个很重要的原因就是其缺乏动态能力。动态能力的强弱，决定了产业资源整合能力的高低。另一方面，资源又是动态能力的基础。换句话说，产业动态能力的形成与拓展离不开产业资源的持续供给，即谓"巧妇难为无米之炊"，脱离了产业资源的支持，产业动态能力的提升也只能成为空谈。

众所周知，美国文化产业实力强劲，似乎与其200多年的建国历史和文化积淀并不相符。然而，美国的文化产业却能够覆盖全世界，而且美国文化产业短时间内成为毫无争议的全球文化产业"领头羊"。究其原因，资源整合在美国文化产业发展过程之中起到了至关重要的作用。美国文化产业依托雄厚的资金实力，聚焦世界文化市场，每年从世界各地吸收大量的优秀文化资源，投放到美国文化市场，巩固其在世界文化市场中的霸主地位。另一方面，美国通过现代多媒体媒介（电影、动画等），传播其文化标记后，相继开发周边产品、理念与服务。比如，美国的好莱坞科幻电影给我们带来了经典人物、场景、情节等，在此基础上，美国推出众多的周边产品及服务，如玩偶、主题日用品、旅游景点、主题公园等，对未来的想象与理念也潜移默化地影响着我们。由此可见，文化产业动态能力是美国文化产业发展的基础和支撑。

三、文化产业资源整合能力要素及现状分析

随着经济全球化的快速推进，我国的文化产业正处在一个高速发展的阶段。在市场竞争日趋激烈的背景下，资源整合能力作为文化产业发展的"强心剂"越来越受到重视和加强。文化产业自身资源整合是其战略转型的重要出路，文化产业资源整合能力也是产业运营与管理的基本能力。文化产业内部资源包括特许权（如出版资质、互联网出版资质等）、内容资源的开发管理、技术资源的运用、管理者及团队构成、财力资源运用等，而外部资源更为广泛。文化产业针对不同的资源进行整合，使其成为一个适合自身发展需求的柔性系统，在动态发展中不仅充分运用这些资源，同时又在创造出新的资源，从而达到最优资源配置。

1. 文化产业资源整合过程中其身份定位不够明确

以出版集团资源整合为例，近年来，我国跨地区、跨行业、跨所有制相继成立了一些出版集团，向着文化产业专业化、集聚化、规模化方向发展，做强做大我国的文化产业，可谓成效显著，成绩斐然。然而由于这些出版集团大多是原来的属地管理，以所在地区的相关实体组建而成，且受到当地政府的行政干预较为明显，因而组建的出版集团内部子、分公司对自身的定位不够明确，各自为政的现象时常发生。

2. 文化产业资源整合中面临着整合风险问题

文化产业内一些微观主体在实施资源整合工作过程中，存在着片面地追求资源整合的速度，疏于对自身特点和外部资源有效性、可用性的考量，因而在资源整合的环节上或多或少地存在着一些风险和隐患，它不仅影响着资源整合的效率，而且也会给自身发展带来风险甚至会危及整个所属细分文化行业的生存与发展。

3. 文化产业资源整合中过分依赖外部资源

人才、科技创新是一个产业核心竞争力的重要体现，而它们对于文化产业来说尤为重要。人才、科技是产业无形资源的重要组成部分，虽然依托与外界的资源整合，文化产业可以获得发展所需要的这些资源，但是仅仅依靠这些所带来的弊端也显而易见：一方面，一种资源的获得往往以自有资源的付出为代价，文化产业要想获得需要的技术，往往要付出大量的资金，甚至是占有的市场；另一方面，对于第三方技术等资源的依赖，带来的是文化产业发展的不稳定性，资源提供方可以依靠技术等核心资源的更新换代，最终将资源获得方淘汰出市场。当前国内文化产业，在科学技术等方面较多地依赖其他产业，甚至是国外产业，对于自身资源的开发不够重视，这些将会导致我国文化产业长期处于全球产业链的中低端，产业升级缓慢，产业风险和危机加剧的被动局面。

四、资源整合能力对文化产业的影响

文化产业作为高知识、高增值和低能耗、低污染的代表性产业，蕴含着巨大的现实效益。美国学者安蒂思·潘罗斯（Penrose）认为产业是一个建立在人力和物力资源基础之上的管理组织，产业的成长需要借助于产业内部资源的力量。如今，文化产业发展速度与水平不断提升，文化产业向着专业化、规模化、集群化不断过渡，文化产业内部资源整合与外部资源的整合，是文化产业实现跨越式发展的必然趋势。

1. 资源整合能力有利于增加产业文化附加值

在过去的 20 多年里，中国依靠丰富的资源和低廉的劳动力成本，创造了中国制造的奇迹。在当今资源日益紧张、效率不断强化、人口红利逐渐降低的形势下，我国文化产业整体上还处在产业链中低端，要改变这一现状，除了增加产品的创新科技之外，还必须通过资源整合，提升文化含量，增加其产业文化附加值，形成科技创新与资源整合双轮驱动的发展态势。

2. 资源整合能力有利于提高文化产品供给

我国文化产业需要转型升级，同时也需要有更多高附加值的产业、更多品牌增值的产品。目前我国文化产业严重缺乏高端产品的研发与设计，产业链的整合显得尤为薄弱。通过合理的资源整合，有利于挖掘新的价值，培育自主品牌，延展文化产业链和向其他产业链的高端攀升，从文化产业供给侧和消费侧两端发力，加快实现产业结构调整和优化升级。

3. 资源整合能力有利于发挥文化产业内驱力

文化创意、设计服务是文化产业中最易于与其他产业发生交融的行业领域，文化创意和设计服务常常被置放于其他产业链的前端（如制造业、建筑业、旅游业等），给其他产业创造出巨大价值。而文化产业与其他产业的资源整合，又反过来使得文化创意和设计服务的水平不断提高，加快文化创意和设计服务行业的提档升级。因此，通过提升文化创意和设计服务水平，实现与其他行业的资源整合力度，完善产业链，拓展发展深度，不仅可以使文化产业自身得到飞速发展，还可以充分发挥文化溢出效应，促进其他产业在内涵、设计、品牌、服务和管理等各要素上的创新和升级，实现共赢。

总之，资源整合是文化产业对不同类型资源进行鉴别、判断、获取、使用、激活、汇聚等基础上创造出新的资源的一个复杂的动态过程。文化产业在资源整合过程中，需要对自身和外界的资源的可得性、有效性等进行客观的分析，确定正确的整合方向和整合目标，顺应社会经济发展需要，创新文化产品和服务供给方式，释放文化产业动力，提高文化产业动态能力。

第五节　变革创新能力

变革创新能力是文化产业动态能力的关键表征，这是因为变革创新能力决定着文化产业动态能力的动力基础和保证，也是决定着文化产业能否持续发展的关键。科学技术是文化产业实现腾飞之羽翼，科学技术的发展引领文化产业的发展，为其提供支持与保障。本书认为文化产业科技创新在其变革创新中起着决定性作用，是创新中的创新。以科技创新剖析文化产业变革创新要素可以窥一斑而知全豹。

一、变革创新能力的内涵

1912年，美籍奥地利经济学家约瑟夫·熊彼特（J. A. Schumpeter）在其《经济发展理论》一书中提出创新的概念。他指出：把从未出现过的生产要素融合到生产体系之中，就形成了创新。具体来说，包括新的产品、工艺、市场、原材料供应来源、组织五个方面。由创新的定义可以看出，创新必须具有首创精神。科技创新是提高文化产业生产率的关键，是文化产业变革创新的最根本力量。文化产品借助于先进的科学技术，不仅能够给人类创造出新的感官体验、新的交流沟通与互动方式及其丰富的文化产品等，而且新的科学技术与文化产业相结合，又会产生新的文化业态和产品形态。文化产业创新的方式多种多样，可以从现有的技术、产品出发，延伸发展出新的产品特色及核心竞争力；也可以将现有不同产品的优势、特色合并，增加整体效益，实现"1＋1＞2"的效果；还可以根据自身发展的需求，引入其他行业或产业的核心竞争力，提升本产业发展；以及发现现有竞争优势未挖掘的价值也是重要的创新方式。目前我国文化产业，对创新方式不够重视，创新方式构架的搭建滞后于产业的发展需要。变革创新能力是文化产业依靠创新意识、创新思维和科技创新，将产业要素资源（包括人、财、物、品牌等），进行相应的调整和改变，优化产业资源，促使产业有效提升自身核心竞争力和核心能力，并最终凝练出自身的竞争优势。变革创新能力是文化产业内生动力的源泉，也是提升文化产业动态能力的标志。

二、变革创新能力是文化产业动态能力的关键表征

在文化产业发展过程中，产业的变革创新并不是仅仅局限于一个时期或一个阶段的创新过程，而是需要保持文化产业持续的变革创新能

力。文化产业适应市场环境变化，对科技和文化创意与设计要进行持续不断的创新，并将其成果转化，为文化产业发展注入强大的动力。产业的变革创新能力不仅仅与外部环境相关，与产业内部动态能力也有显著的关系。文化产业变革创新能力要求文化产业把握已有创新因素和成果，结合产业自身的特征状况，在复杂多变的动态系统中，提升文化产业动态能力。

变革创新能力是建立在学习吸收能力、战略转型能力和资源整合能力基础之上文化产业动态能力的深化和发展。一是在学习吸收能力方面，新知识的创新是改进现有常规能力的关键。变革创新能力能够有效地促进知识创新，也能够促进原有知识的利用和发展。二是在战略转型方面，文化产业战略的布局与调整离不开创新。文化产业需要从战略创新的性质和特点出发，促进产业内部的战略创新活动，及时地对文化产业的发展动向进行合理调整。此外，文化产业也需要从自身优势和市场需求出发，激发变革创新的活力，打造具有中国特色的文化产品和服务，从而提高文化产业动态能力。三是在资源整合方面，由于文化产业变革创新过程中有必要对于那些涉及产业的许多内外部资源，以及获得的新资源进行有效整合，这些都体现着文化产业的变革创新能力。

近年来，与其他产业相比，文化产业发展速度明显加快。此外，文化产业内部细分行业间以及文化产业与相关产业之间出现了联合发展的态势。如：广电等传统部门除了自身原有业务的继续稳健发展外，着力发展数字电视、互联网等新业态；行业间的互相融合和相互影响日益明显；传统印刷业、出版业在移动互联技术的推动下，呈现出数字化和业态多样化的特点。这一系列变化反映出文化产业的动态能力与文化产业变革创新能力紧密相连，文化产业的动态能力影响着变革创新能力的发挥，而变革创新能力亦反过来对动态能力的提升发挥着重要作用。因而，动态能力的构建是实现文化产业顺应市场环境变化，并与之良性互动的有力方式，也是产业变革创新能力提升的有效手段。

三、文化产业变革创新要素及现状分析

文化产业是一个以创意为开端，并以为广大消费者提供内容产品和精神文化服务为目的的服务型产业，文化产业又是一个以创造经济效益、社会效益为己任的特殊的产业。比如，作为文化产业重要组成部分的传媒业，随着互联网和通信技术的发展，网络媒体、手机媒体、网络视听等新媒体形态不断创新、发展，正在颠覆原有的媒体格局，传媒业正加快转向数字化生存，一是改变着媒体的传播模式、生产方式，二是利用数字技术重塑行业的边界和业务形态。由此可见，传媒业的发展是随着技术的进步而动态演进的，而这些正说明了文化产业的变革创新，特别是科技创新关乎着产业的生死存亡。因而剖析文化产业科技创新要素，有利于提高科技创新的驱动力，实现科技创新目标。文化产业除了具备一般产业的内外部因素之外，其科技创新要素更加集中在政府的政策支持、所处的文化环境、现代金融服务和资源供给等方面。

1. 政府的政策支持

在科技创新领域，政府的政策支持力度很大程度上影响产业发展前景，文化产业也不例外。尽管政府在财政支持、法律制度制定、公共设施与服务等宏观调控方面对文化产业影响巨大，但是现阶段对于文化产业创新方面的支持和激励政策尚不能满足文化产业大发展大繁荣的需求。因而加强文化产业科技创新能力更加需要政府提供具体指向性的相关政策支持以及进行有序竞争的相关制度和调控监督机制。

2. 文化环境

一般而言，产业所处的文化环境是其发展过程中不可或缺的因素，

而对于文化产业而言尤为重要。在文化产业科技创新过程中，社会文化环境的作用更是显著。文化产业所处的文化环境决定了潜在消费对象的需求、消费心理和习惯、鉴赏水平、有无禁忌等，这些都是产业科技创新发展过程中不可规避的因素。现阶段，我国文化产业对于社会和经济环境投注了关注的目光，但是对于文化产业所处的社会文化环境了解甚少，重视不够。文化产业科技创新需要针对不同文化环境的消费群体采取不同的创新策略和措施，以进一步增强科技创新能力。

3. 现代金融服务

金融服务决定着对文化产业科技创新的资金支持力度。当前为文化产业科技创新所提供的融资渠道、融资方式仍然较为狭窄，主要依靠小额股权筹资、政府文化产业扶持和引导资金、部分商业贷款。而我国文化产业微观主体普遍存在着小、散、弱的状况，加之文化产业又是一个轻资产的产业，并且固定资产占资产总额的比重普遍较低。传统的融资方式对于绝大多数文化产业微观主体而言金融服务形同虚设，文化产业科技创新融资难的困境得不到有效解决，限制了文化产业尤其是小微文化企业的创新发展。文化产业科技创新和发展更加需要金融创新和为其提供优质的金融服务，科技创新能力增强才能得到保障。

4. 资源供给

社会能够提供给文化产业的科技创新资源（如资金、市场、劳动力、运输、专业化协作等）的供给，同时创新资源的共享和互补对文化产业科技创新的影响显著。目前文化产业由于受到产业规模等因素的影响，在社会的资源供给、共享和互补方面存在一定程度的不足，科技创新能力难以得到有效的释放和加强。

四、变革创新能力对文化产业动态能力的影响

如上所述，文化产业动态能力依托科技创新的推动。众所周知，新的文化产业样式、文化生产与消费方式通常都是科技创新的产物，科技的发展也促使消费者群体不断发现新的需求，从而使文化产业新的市场领域不断开拓。

1. 科技创新促进文化内容和载体的传承与更迭

"科技是第一生产力"，科技创新是文化发展的引擎：一方面，文化能在潜移默化中推动科技的发展；另一方面，科学技术也能塑造出新的文化形态，使得文化得以延续。比如，中国文字载体从甲骨、青铜、绢帛……到如今电子媒介的变革，不仅仅有助于文化传播，更使得文化可以突破地域、时间限制延续至今。文化消费品又以多种形式呈现给消费者，从而提高文化产业动态能力。

2. 科技创新催生新的文化业态和生产方式

数字技术、互联网技术、IT 技术等逐步与文化产业融合，催生了一系列新的文化业态，也改变了文化产品生产方式，呈现出多种形式的文化消费品。比如，数字技术推动传统出版和印刷业向数字出版转型；模拟信号传输的广播电视节目向数字信号传输转型；IT 技术推动传统传播媒介向网络化转型；移动互联技术推动传播形式向移动便捷转型；传统演出业、会展业向数字化设计转型等。这些新兴文化产业生产与展现形式，充分说明了科学技术助推着文化产业动态能力。

3. 文化产业动态能力依赖科技创新的持续支撑

持续创新能力是文化产业赖以生存和发展的根本，持续创新能力是一种长期的、系统的创新能力，它是文化产业动态能力的体现。文化产业保持持续科技创新能力，需要以科技创新战略为引导，以创造社会效

益和产业持续盈利为归宿，从而实现文化产业繁荣发展和文明延续的终极目标。

当然，文化产业变革创新能力并不仅仅局限于科技创新，而且需要与科技创新相匹配的制度创新能力、组织创新能力、市场创新能力等。

综上所述，文化产业动态能力具体表现为学习吸收能力、变革创新能力、战略转型能力和资源整合能力这四个关键维度。通过这四个能力表征协同作用，不断地从文化产业组织惯例、文化产业生产投入、文化产业市场竞争发力，提高文化产业的生产要素利用率与产业生产效率、组织效率，从而提高文化产业产出，促进文化产业发展。下文将从这四个表征出发，对文化产业动态能力进行测算与评价。

本章小结

本章从文化产业自身特性出发，根据其所处的动态变化形势需要，依据动态能力理论将文化产业动态能力的表征聚焦于学习吸收能力、战略转型能力、资源整合能力和变革创新能力四个关键维度。本书研究认为：学习吸收能力正日益成为文化产业最重要的动态能力之一，它不仅有利于促进文化产业不断创造和开发新知识，而且使得文化产业能够灵活地、不断地应对着动态变化的环境；随着我国产业结构转型升级与优化，作为我国国民经济支柱性产业的文化产业，其战略转型能力表现为一种特殊的动态能力；文化产业在信息化、网络化的推动下，文化产业资源整合的内容发生了巨大变化，而且其资源整合的基础也发生了深刻变迁，因而有效的资源整合对于文化产业动态能力提升尤为重要；而变革创新能力决定着文化产业的动力基础和保证。总体来说，文化产业动态能力就是通过这四个能力表征协同作用，不断地从文化产业组织惯例、文化产业生产投入、文化产业市场竞争发力，提高文化产业的生产要素利用率与产业生产效率、组织效率，从而提高文化产业产出，促进文化产业发展。

第五章

文化产业动态能力评价体系

文化产业动态能力表现为学习吸收能力、战略转型能力、资源整合能力和变革创新能力的集合与协同，在动态环境下发展文化产业归根结底是提高文化产业动态能力。文化产业动态能力评价体系与评价模型则是分析文化产业综合实力的基础，本书结合文化产业的特点，并且考虑到文化产业由于受文化本身的多样性影响，其组成和产业体系具有明显区域性特点，以及其所表现出来的不同地区文化产业异质性等因素，建立起文化产业动态能力评价体系，在充分分析多种综合评价方法的基础上，采用因子分析法，构建文化产业动态能力评价模型，为文化产业的实践活动奠定理论基础。

第一节　文化产业动态能力评价指标的选取原则

文化产业动态能力评价指标体系的建立，是能够科学有效地进行文化产业动态能力综合评价的基础和前提。本书根据文化产业的特征，注重文化产业作为支柱产业的要求，本着能够客观、科学、有效地反映文化产业动态能力状况的考量，认为文化产业动态能力评价指标选取的基本原则应体现为统筹兼顾原则、增长潜力原则、比较优势原则、具体可操作性原则、动态性原则。

1. 统筹兼顾原则

文化产业是公益性和经济性相交融的产业，既具有传统产业的特征，又是一个包含门类复杂、主要生产精神产品的产业，它更是一个内容为王，创意、创新为主的新兴产业。文化产业门类众多，涉及工业、批零业、服务业等国民经济领域。文化产业各细分行业产品繁杂、特性各异、发展程度参差，故文化产业动态能力的评价指标在选取时应全方位、多维度统筹兼顾，既有定量指标又有定性指标。与此同时，指标间应逻辑有致，界定清晰。

2. 增长潜力原则

文化产业动态能力评价指标能够考量一个地区经济社会发展的方向，市场对文化产品的生产和服务的现实和潜在需求，及其产业产值的贡献度。文化产业在国民经济中的发展速度可谓突飞猛进，是能够成为对社会经济起引导和推动作用的先导产业，是作为国民经济支柱产业的目标指向产业。文化产业又具有较强的连锁效应，与相关产业相融合不断延伸产业链，并且能够诱导和培育新业态的崛起。当文化产业处于发展、成长和壮大时，充分释放市场需求是不可或缺的。因此在选择文化产业动态能力评价指标时要考虑开拓文化产业市场和满足文化产业市场的需求。

3. 比较优势原则

文化产业的比较优势应具备显著的产业竞争优势。文化产业动态能力评价指标的选择应当遵循比较优势原则，结合测评选取对象经济发展状况，选择存在一定比较优势的文化产业门类或地区作为研究重点；根据测评选取对象现有在位文化产业组织、文化资源和文化产业发展潜力状况等，采取因地制宜、突出重点、客观真实、适度适当的评价手段，努力避免文化产业内部行业间以及区域间文化产业结构雷同、恶性竞争现象的产生。

4. 具体可操作性原则

文化产业动态能力评价指标的选择应符合具体可操作性原则，应当先明确各个层面的指标构建的目的，然后才能进行相关指标的选取。在具体数据选取时还要充分考虑数据的选择、获得、计算等过程和方法的简易性和可行性，对无法获得的数据需要在兼顾指标可比性的同时考虑用类似数据替代。

5. 动态性原则

选择文化产业动态能力评价指标时，不仅考虑能够反映文化产业动态能力关键维度所涉及的各方面指标，而且还要考虑反映文化产业动态能力的动态变化，体现其发展趋势。因而在指标选取时需着重考虑一些对提升文化产业动态能力起重要作用的指标，以指导文化产业发展。

第二节 文化产业动态能力评价指标体系

考察一个国家或地区在一定时期内的产业，最终要将原则量化为相应的评价指标。在设计文化产业动态能力指标体系的过程中，本书研阅了大量文献，发现以往学者们在文化产业竞争力方面研究成果较丰，并且以定性研究为主，而定量研究部分只是建立了相关定量研究模型，而具体运用模型进行文化产业竞争力定量研究，其成果较为鲜见。

一、关于文化产业竞争力的研究

1. 关于文化产业竞争力的定性研究

祁述裕（2001）从市场角度，首次用一个国家的文化产品在国内外文化市场上所占有的份额来定义该国文化产业竞争力。还有一些学者用文化产业发展潜力来定义文化产业实际竞争力，花建（2005）认为文化产业竞争力为在一定市场环境下，文化产业微观主体通过对生产要素和文化资源的高效配置和转换，不断对文化产品进行创新，提升其价值的能力，以及获取利润和保持竞争优势的一种能力。顾乃华、夏杰长（2007）则认为文化产业竞争力是指文化产品生产经营者在政府营造的商业外部环境下，开发产品、整合文化资源，在文化市场上比其他竞争对手拥有更大的市场吸引力的能力。赵彦云（2006）对文化产业竞争力的定义更强调其差异性，认为文化产业竞争力包括文化内容的竞争力和文化产业活动的竞争力，而竞争力则主要来自于文化产品的差异性及不可模仿性。也有从文化产业特性的角度来定义文化产业竞争力的，如卿立新（2006）提出文化产业核心竞争力既有与一般产业相同的共性，也有它作用于社会伦理、国家凝聚力、文化普及程度、国际影响等方面的特殊性。程臻宇（2011）提出，由于文化产业体系非传统产业体系，因此区域文化产业竞争力是文化竞争力和文化产品市场竞争力的综合体。另有学者结合其他学科对文化产业竞争力进行定义，如徐萍（2006）在参照竞争力理论后，认为文化产业竞争力是掌握文化资源、开发核心产品、迅速占据市场以获得经济效益和社会效益的能力。王颖（2007）结合产业竞争力与文化竞争力来理解文化产业竞争力，认为一国文化产业通过生产和销售文化产品，提供各种文化服务，占有市场和持续获取利润的能力就是文化产业竞争力。

综上可知，由于文化产业的特殊产业性质，不同学者对文化产业竞争力的研究视角不同，导致他们对文化产业竞争力的理解和评价也不尽相同，但他们都基本认为文化产业竞争力是一种持续创新发展能力，是一种占领市场获取利润的能力。

2. 文化产业竞争力的定量研究（见表5.1）

表5.1 国内外文化产业竞争力定量研究模型

模型	相关学者	指标体系及其评价
"钻石"模型	迈克尔·波特	生产要素、需求状况、相关支持产业状况、企业战略结构与同业竞争；从宏观角度研究国家层面竞争力问题，但缺乏文化特征
欧洲创意指数模型	理查德·佛罗里达 艾琳·泰内格莉	欧洲人才指数、欧洲技术指数、欧洲包容性指数；对全球文化产业竞争力比较研究有很强的指导意义，但缺乏某些指标，部分细化指标也不符合我国国情
准钻石模型	祁述裕	3个模块（核心、基础及环境竞争力）、5个要素、17个竞争面、67个竞争力评价指标；将政府行为纳入评价模型，更符合中国国情，但着重强调外在因素的影响，未重视产业自身内在因素作用
现实潜在竞争力模型	徐萍 叶丽君	产业规模、市场占有、创新能力等19项指标；文化产业内部因素影响和外部因素作用均有反映，但缺乏层次性和系统性
层次模型	花建	4个核心能力、7个竞争力指标板块、30个具体指标；综合了钻石模型和现实潜在竞争力模型，展开了新的研究视角，但对文化产业外部环境关注不够，缺少具体评价方法

模型	相关学者	指标体系及其评价
"分叉树"模型	赵彦云	7 个要素（文化产业竞争力、市场收益竞争力、文化产出竞争力等）；从不同角度全面评价了文化产业竞争力，但满足于对竞争力目前现状的评估，缺乏对竞争力来源及形成机制的研究
	顾乃华	3 个模块、12 个竞争面、14 个竞争力评价点；考虑了城市间比较时的差异性、可比性、数据可获得性，但指标的选取不够全面
"二维结构"模型	王颖	从竞争力层面维度和发展形态维度构成"3 × 3"二维结构模型；详述文化产业竞争力发展的内部原因和影响结果，但未给出相关评价指标、实证研究
VRIO 模型	李雪茹	4 个一级指标、8 个二级指标、46 个三级指标；有效突出文化产业竞争力评价特性，但忽略外部因素，细分指标还需商榷
指数模型	香港创意指数	"5Cs"理论；补充了"3T"理论中忽略的产出效应，但没有考虑政府支持因素和创意经济链机制
	中国省市文化产业发展指数	3 个一级指标（产业生产力、影响力和驱动力）、8 个二级指标、24 个三级指标、48 个测度变量；指标体系强调科学与可持续发展，突出区域发展均衡性，但为兼顾省市间比较特征而放弃某些指标
	中国文化产业发展指数	综合 4 个表征指数和 12 个内涵指数；16 个一级指标、51 个二级指标、91 个三级指标、151 个四级指标；采用新的理论基础选取指标，但新的理论基础尚需完善

以上研究无疑对本书研究文化产业动态能力的量化测评做出了贡献，但遗憾的是，上述研究中存在着指标体系层次不清、指标间重复冗余、视角单一等不足，不能全面系统地反映文化动态能力的整体特质水

平。因此，本书尝试在文化产业动态能力评价指标方面进行初涉。

二、文化产业动态能力指标体系的构建

首先在上述研究基础上，本书根据文化产业体系的系统结构，以文化产业动态能力评价指标的原则为基础，利用主持课题《江苏省文化产业发展现状与问题研究》和根据江苏省第三次经济普查资料编写《江苏省文化产业统计概览》的机会，对江苏省文化产业动态能力进行深化研究。本书主要通过半结构访谈法，与高校文化产业研究领域的学者和专家、文化产业资深经营管理人员、政府部门文化产业相关职能部门管理人员、相关统计专家以及科研部门文化产业研究人员和专家等建立联系并进行交流，对文化产业动态能力以及评价指标体系的构建与他们进行深入探讨和研究，进而通过定性的方法对指标进行预选择，建立文化产业动态能力的基本指标。接着，运用德尔菲法进行文化产业动态能力指标体系的指标筛选与修正，即在预选择的基本指标中进一步筛选相关的指标作为评价指标，并对选择的相关指标进行分析，分析方法有相关分析、鉴别力分析等。结合评价要达到的目的和应遵循的原则，剔除一些相关度高、重复和一些鉴别能力弱的指标，对各项评价指标可行性进行分析。参与指标选取的专家包括从事文化产业管理的专家以及文化产业研究的专家 15 人，其中高等学校相关领域研究专家 11 人，江苏省文化产业管理相关职能部门专家 4 人；江苏省部分地市级文广新局文化产业管理人员 8 人，重点文化企业管理专家 9 人。上述人员均为从事文化产业专项工作的人员，具有 5 年及以上文化产业研究及工作经验，对文化产业领域事务非常熟悉，符合德尔菲法研究专家需要。在此基础上，为达到综合评价的目标，对于文化产业动态能力预选指标按照一级、二级、三级指标分别设计，在第一轮专家调查问卷中，通过现场问

卷和会议座谈和走访调研的方式，初步将指标体系设定为"学习吸收能力、战略转型能力、资源整合能力和变革创新能力"4个一级指标；"学习潜力、政府行为、产业关联、产业规模、产业资源、产业效率、研创能力"7个二级指标，"人均GDP、人均可支配收入、人均文化消费支出、人均文化消费占总消费比重、每百人平均订阅报刊量、新颁布的有关文化产业的法规数量、文化产业归属部门和组织数量、政府公共财政预算支出中文体娱支出、第三产业生产总值、公共教育经费占地区GDP的比重、移动电话用户、互联网宽带接入用户、国内旅游收入、旅游外汇收入、年均接待外地游客人数比、新闻出版正能量发表权、电视电影发行量、文化艺术服务（艺术类学生）、文化信息传输服务、文化产业增加值、文化产业总产值、文化产业所有者权益本期、文化产业固定资产本期、文化产业从业人员期末人数、文体娱金融机构本外币贷款年末余额、全国及省重点文物保护单位数、公共图书馆数、博物馆文物馆文物机构藏品数、图书报纸期刊出版单位数、报刊期发数、有线电视入户率、人均年读书数、文化产业固定资产产出率、地区文化产业全员劳动生产率、文化产业经济贡献、文化产业主营业务利润率、专利申请受理量、专利转化率"38个三级指标。确定以"同意入选""不同意入选""修改建议"3个选项请专家们进行筛选。当24位以上（大于总数的67%）专家表示"同意入选"时则该指标入选。指标的筛选结果与分析：32名专家对一级和二级指标达成共识，并无异议，而对于三级指标则有3名专家提出"专利申请受理量、专利转化率"指标在实际操作中尚缺乏可行性，建议用"高等院校在校学生数、高等院校国际前500强数目"指标替代。最后按照修正后的40个三级指标，再次征询专家意见从而加以确定。最终建立了文化产业动态能力评价指标体系，即根据文化产业学习吸收能力、战略转型能力、资源整合能力和变革创新能力 4 个一级指标，分别确定学习潜力、政府行为、产业关联、产业资源、产业规模、产业效益、研创能力 7 个二级指标和 40 个三级指标。

①学习潜力与政府行为分别意味着文化产业发展的外部环境与潜力，决定着文化产业的学习吸收能力。学习潜力反映文化产业文化需求潜力，是文化产业动态能力提升的重要驱动力，文化产业竞争优势归根结底是由市场来决定的，文化产业的市场表现如何，文化产品和服务的市场占有率水平，只能说明其在已有市场中占有的份额。文化产业更重要的是不断拓展市场空间的能力，打开新的文化消费空间。因此，学习潜力是文化产业动态能力的重要外部能力之一。

政府行为是文化产业动态能力提升的必要保障，反映其对于文化产业的管理和支持，文化产业是具有高风险性和意识形态性的特殊产业，需要政府适当地宏观调控，为文化产业的健康发展创造有效的法律政策环境。

②产业关联与产业规模意味着文化产业与其他产业融合的程度以及文化产业转型升级的机会，直接决定着文化产业的战略转型能力。产业关联体现的是文化产业对相关产业的经济拉动作用，反映文化产业所起到的带动力、保障力、吸引力和传播力，在拉动其他产业发展的同时，一定程度上也会促进文化产业自身向前发展，提高其竞争实力和水平，文化产业与相关联的产业间都会呈现这种协同发展效应。产业规模反映其生产力，从总量角度体现文化产业动态能力发展水平。

③产业资源是文化产业发展的基础，也是文化产业动态能力中资源整合能力的基础。产业资源是文化产业动态能力的最终表现形式，反映文化产业的整体实力，文化产业的产业资源从人财物的角度体现出实力水平。

④产业效率与研创能力是变革创新能力的目的和重要来源，研创能力是文化产业动态能力中最核心的产业能力，它指的是文化产业在产品的内容、形式以及科技手段、组织结构等方面的整体创新能力，体现文化产业在动态能力方面的未来潜在发展能力和可持续突破发展能力。原创的文化内容是文化产业最核心的内容，这也是该产业的价值内涵中最重要最核心的项目。

依照上面的设计思路，并根据文化产业动态能力指标选择原则和指标体系构建的基本要求，进行筛选、提炼、加工、补充，构建了文化产业动态能力评价指标体系，包含4个一级指标、7个二级指标和40个三级指标（见表5.2）。

年均接待外地游客人数比＝当年国内外来省旅游者人数/本地常住人口总数；

文化产业固定资产产出率＝文化产业增加值/文化产业固定资产额*100%；

地区文化产业全员劳动生产率＝地区文化产业增加值/地区文化产业从业人数；

文化产业经济贡献＝文化产业增加值/GDP*100%；

文化产业主营业务利润率＝（主营业务收入－主营业务成本－主营业务税金及附加）/主营业务收入*100%。

基于数据的可得性，表5.2中的F16、F17、F18、F19、F39和F40共6项指标的数据暂时未被统计，所以下文的实证模型将不对此6项指标进行考虑。

表5.2　文化产业动态能力评价指标体系

一级指标	二级指标	三级指标	变量
学习吸收能力	学习潜力	人均 GDP	F1
		人均可支配收入	F2
		人均文化消费支出	F3
		人均文化消费占总消费比重	F4
		每百人平均订阅报刊量	F5
	政府行为	新颁布的有关文化产业的法规数量	F6
		文化产业归属部门和组织数量	F7
		政府公共财政预算支出中文体娱支出	F8
战略转型能力	产业关联	第三产业生产总值	F9
		公共教育经费占地区 GDP 的比重	F10
		移动电话用户	F11
		互联网宽带接入用户	F12
		国内旅游收入	F13
		旅游外汇收入	F14
		年均接待外地游客人数比	F15
		新闻出版正能量发表权	F16
		电视电影发行量	F17
		文化艺术服务（艺术类学生）	F18
		文化信息传输服务	F19
	产业规模	文化产业增加值	F20
		文化产业总产值	F21

一级指标	二级指标	三级指标	变量
资源整合能力	产业资源	文化产业所有者权益本期	F22
		文化产业固定资产本期	F23
		文化产业从业人员期末人数	F24
		文体娱金融机构本外币贷款年末余额	F25
		全国及省重点文物保护单位数	F26
		公共图书馆数	F27
		博物馆文物馆文物机构藏品数	F28
		图书报纸期刊出版单位数	F29
		报刊期发数	F30
		有线电视入户率	F31
		人均年读书数	F32
变革创新能力	产业效率	文化产业固定资产产出率	F33
		地区文化产业全员劳动生产率	F34
		文化产业经济贡献	F35
		文化产业主营业务利润率	F36
	研创能力	专利申请受理量	F37
		高等院校在校学生数	F38
		专利转化率	F39
		高等院校国际前 500 强数目	F40

第三节　文化产业动态能力评价方法选择

一、常用的多指标综合评价法

文化产业正日益成为中国经济新常态下发展的一个重要引擎。对于已经取得了初步竞争优势的我国文化产业而言，运用动态能力理论，研究提升我国文化产业动态能力问题，从而更好地实现我国文化产业快速发展尤为迫切和必要。提升文化产业动态能力不仅需要根据以往经验和直觉进行判断，而且更加需要借助于现代成熟的定量分析方法进行科学研判，并根据定量分析结果进行决策。因而，在进行文化产业动态能力决策时借助一定的多指标综合评价方法是非常必要的。多指标综合评价方法是指把多个描述事物不同方面且量纲不同的统计指标，转化成无量纲的相对评价值，并综合这些评价以得出对该事物一个整体评价的数学方法。多指标综合评价方法很好地满足了文化产业决策的要求，评价结果更加科学合理，许多综合评价方法已经被尝试应用于文化产业的实践活动，在文化产业的实践中发挥了积极的作用。

1. 层次分析法（AHP 法）

AHP（The analytic hierarchy process）是一种定量和定性分析相结合的方法。20 世纪 70 年代由赛蒂发明。这种方法将目标分为多个层次，并为每个层次建立不同指标，是一种依据不同权重进行综合评价的系统方法。

根据系统中各因素间的关系，确定层次结构，其基本步骤为：建立目标树图；建立成对判断矩阵；计算权重向量；确定子目标权重；对权向量做一致性检验；计算组合权重；对综合指数进行计算并排序。

该方法通过建立目标树图，使组合权重的计算合理化，得到目标的综合指数，使得评价结果直观可靠。通过三标度矩阵法对常规的 AHP 法进行改进，确定判断矩阵，该方法满足一致性要求，不再需要对权重进行一致性检验，有利于决策者提高其决策的准确性。

层次分析法作为一种有用的决策工具，其适用性、简洁性、实用性、系统性等优点，定性与定量相结合的方法很好地符合了文化产业决策问题的特性，可以运用到文化产业的实践活动中，但由于其定量数据较少、定性成分多、指标权重难以确定等缺点，对 AHP 方法的运用需要结合文化产业的特点加以考虑。

2. TOPSIS 法

TOPSIS 简称为理想点法。其思想源于多元统计中的判别分析问题。该方法是将原始数据矩阵归一化的结果为基础，其评价目的十分明确，即将最优方案从给定的有限方案中选择出来，若被评价对象与最优方案在某种意义上非常近，则称系统是最优的。

其主要步骤为：评价指标的确定；将指标进行趋势变换，建立矩阵；归一化后的数据矩阵；确定最优值与最劣质；构成最优值与最劣值向量；计算评价单元指标与最优值的相对接近程度；进行排序。

TOPSIS 法适用于指标数和对象数较少，能总体上反映评价指标，并进行综合分析和评价，这种方法能够普遍适用。尽管如此，这种方法在具体应用过程中会产生不同问题。例如，权重信息是预设的，使评价结果不够客观。另外这种方法具体实践中会出现新方案引发的逆序问题，这种情况需要更加深入研究。

3. 灰色关联度分析法

灰色系统理论是由著名学者邓聚龙教授首创的一种系统科学理论

（Grey Theory），是将灰色关联程度作为指标来对系统中因素间的影响程度大小或是度量相关因素对于系统的贡献程度的一种分析方法。其基本思想是通过作图来判断因素之间的联系是否密切。其具体分析步骤为：确定参考数列和比较数列→对序列无量纲化→计算参考数列和比较数列的灰色关联系数→计算关联度→对关联度进行排序。

灰色关联分析对样本量的多少没有过多的要求，也不需要典型的分布规律，计算量小，结果与定性分析比较吻合。但由于现有的一些模型存在不足之处使其不能很好地解决某些方面的实际问题，灰色关联分析整个理论体系不是很完善，其应用受到了某些限制。

4. 数据包络方法

数据包络分析（data envelopment analysis，DEA）是由著名运筹学家 Charnes，Cooper 和 Rhodes 于 1978 年提出的，它以相对效率概念为基础，以凸分析和线性规划为工具，计算、比较具有相同类型的决策单元之间的相对效率，依此对评价对象做出评价。DEA 方法一出现，就以其独特的优势而受到众多学者的青睐，现已被应用于各个领域的绩效评价中，可以用于文化产业的某些应用中。但 DEA 方法只能给出相对于"有效前沿面"的信息，而无法给出其他任何指定"参考面"的综合信息，需要其他模型对 DEA 有效单元给出进一步的解释信息。

5. 多元统计分析法

多元统计分析是经典统计学的一个衍生分支，这种方法较综合，它能够分析多个相互联系的指标的统计分析。主要内容有：多元回归分析（简称回归分析）、主成分分析与因子分析、聚类分析、判别分析，等等。其中，主成分分析和因子分析在产业选择中应用较多。

主成分分析法的应用方法如下：

设有 p 维随机向量 $X = X(X_1, X_2, \cdots\cdots, X_p)'$，其特征值向量 $\mu =$

$(\mu_1, \mu_2, \cdots\cdots, \mu_p)'$，协方差矩阵为 $\sum = (\sigma_{ij})_{p\times p}$，假定这 p 个指标主要受到 $(m \leqslant p)$ 个 F_1，F_2，$\cdots$，F_m 的影响，且 X_i 是 F_1，F_2，$\cdots$，F_m 的线性函数，根据变量的相关阵选出第一个主因子 F_1，使占各变量方差的方差贡献率最大，然后消除此因子的影响；再从剩余的相关矩阵中选出与 F_1 不相关的因子 F_2，以此类推，直到各个变量公共因子方差被分解完毕为止。得到因子矩阵 $X = AF + \varepsilon$。

采用该方法所得的分析结果受到原始指标间相关程度均衡性的影响，且因为因子得分是估计值，其综合评价值不如主成分分析所得综合评价值准确。

二、不同评价方法的比较

文化产业动态能力不同评价方法的比较见表5.3。

表5.3　不同评价方法的比较

	优点	缺点
AHP 法	分层确定权重，减少主观定权存在的偏差； 将目标量化的同时，未削弱原始信息量； 可用于横纵向比较，便于找出薄弱环节，为改进评价目标提供相应依据	在一致性范围内构造的判断矩阵，结果具有多变性； 对指标进行两两比较，容易出现混乱； 通过加权平均、分层综合后，指标值被弱化
TOPSIS 法	对样本资料无特殊要求； 充分利用原有数据信息，与实际情况相符； 可以对每个评价对象的优劣进行相应排序	当两个评价对象的指标值关于最优方案和最劣方案的连线对称时，无法得出准确的结果； 只能对其优劣进行排序，灵敏度不高

	优点	缺点
灰色关联度分析法	对样本量多少没有要求; 对典型分布规律没有要求; 计算量较小,与定性结果比较符合	需要对各项指标的最优值进行现行确定,主观性过强; 部分指标最优值难以确定
数据包络分析法	用严密的数学证明给出了评价相对效率的方法; 多输入,多输出问题的处理能力; DEA方法可以在无需事先假设决策单元(DMUs)具体生产函数的形式,而从最有利于被评决策单元(DMUs)的角度对其投入、产出指标赋权	对异常值相当敏感,得到的结果不稳定; 只能给出相对于"有效前沿面"的信息,而无法给出其他任何指定"参考面"的综合信息; 无法评价一类含有模糊因素的问题
主成分分析法	消除评价指标之间的相关影响; 可以通过少量综合指标保留绝大部分信息; 权数客观、合理	所提取主成分需保留原始数据大部分信息,且能够给出符合实际背景和意义的解释; 对主成分的解释带有模糊性
因子分析	不是对原始数据的筛选,是将原始变量进行重新组合,找出共同影响因子,化简数据; 通过旋转使得因子变量更具有可解释性	计算因子得分时,采用的是最小二乘法,可能会失效

第四节　文化产业动态能力模型构建

为了客观评价文化产业动态能力,考虑到本书选取的文化产业动态能力评价指标较多,并且指标间可能存在相关性和重复信息,加之我国文化产业的范围界定,起始于 2004 年国家统计局《国民经济行业分类》（GB/T4754—2002）制定的《文化及相关产业分类》，2012 年国家统计局对《文化及相关产业分类》进行了进一步修订和完善。2012 年的文化及相关产业分类与 2004 年文化及相关产业分类，在具体内涵上和统计口径上发生了一些变化，即 2012 年以后的统计数据与以往年份在口径上存在差异。因此，鉴于数据的科学性、合理性和可得性的考量，本书研究认为采用因子分析法进行综合评价研究较为科学和合理，并通过构建因子变量综合评价模型，进行文化产业动态能力的综合评价。

1. 因子分析评价方法

在研究文化产业实际问题过程中，多指标综合评价方法是经常被运用的，而且在大多数情况下，不同指标之间又具有一定相关性。由于指标较多，再加上指标之间有一定的相关性，势必增加了分析问题的复杂性。而在文化产业动态能力定量研究中，用主成分分析可以将复杂的一些数据综合成 4 个一级指标、7 个二级指标和 40 个三级指标的形式。如上所述，因子分析的方法可以把数据的维度降低，同时又尽量不损失数据中的信息。

2. 因子分析的数学模型

1904 年，Charles Spearman 发表一篇著名论文《对智力测验得分进行统计分析》视为因子分析的起点。因子分析用少量精简的因子变量代替原有大多数的变量信息，因子分析可以通过如下方式建立模型：

$$\begin{cases} x_1 = a_{11}F_1 + a_{12}F_2 + \cdots + a_{1m}F_m + a_1\varepsilon_1 \\ x_2 = a_{21}F_1 + a_{22}F_2 + \cdots + a_{2m}F_m + a_2\varepsilon_2 \\ x_3 = a_{p1}F_1 + a_{p2}F_2 + \cdots + a_{pm}F_m + a_p\varepsilon_p \end{cases}$$

其中，$F = (x_1, x_2, \cdots, x_p)'$，叫作公共因子，$A = (a_{ij})_{p \times m}$ 是因

子载荷矩阵，a_{ij} 是因子负荷，它是第 i 个变量在第 j 个公因子上的负荷，反映了第 i 个变量在第 j 个公因子上的重要性程度大小。残差 ε 是特殊因子，相互独立，且服从正态分布 N（0，σ_i^2）。

表示成矩阵形式为：

$$X = AF + a\varepsilon$$

对因子载荷、变量共同度、方差贡献度如下。

（1）因子载荷

若因子变量相互独立（不相关），因子载荷 a_{ij} 就是第 i 个原始变量与第 j 个因子变量之间的相关系数，即 x_i 在第 j 个公共因子上的重要程度。因此，a_{ij} 的绝对值与原始变量和公共因子的相关关系的程度呈正比。

（2）变量共同度

变量共同度，可定义为因子载荷矩阵 A 中第 i 行元素的平方和，即：

$$h_i^2 = \sum_{j=1}^{m} a_{ij}^2$$

x_i 的方差可以分为两个部分：h_i^2 和 ε_i^2。h_i^2 为变量的共同度，它对公共因子原始变量所做的贡献进行了刻画，此时，通过 h_i^2 接近 1 的程度可以了解原始信息的说明程度，其越接近于 1，对所有原始变量的解释程度越高。

（3）公共因子 F_j 的方差贡献

公共因子 F_j 的方差贡献的定义是因子载荷矩阵 A 中第 j 列各元素的平方和，即：

$$S_j = \sum_{i=1}^{p} a_{ij}^2$$

公共因子 F_j 的方差贡献显现了其对所有原始变量总方差的解释程

度，因而其值越高，说明该因子在所有因子中的重要程度越大。

3. 文化产业动态能力因子分析步骤

因子分析是从多数原始变量中构建出少数有代表性的因子变量，比较原始变量之间的相关程度是应用因子分析的潜在要求。因此，需要在进行因子分析之前对变量之间的相关关系进行检验。本书采用两种检验方法：巴特利特球形检验和 KMO 检验：

（1）巴特利特球形检验（Bartlett Test of Sphericity）

巴特利特球形检验是基于变量的相关矩阵的基础上进行的检验。它的原假设是相关系数矩阵为单位矩阵。根据相关系数矩阵的行列式可以求得巴特利球形检验的统计量。如果统计量较大，并且其对应的相伴概率值小于用户心中的 α 值（显著性水平），那么应该拒绝相关系数矩阵是单位矩阵的原假设，此时，应该做因子分析；相反，如果该值对应的伴随概率大于显著性水平，则不能拒绝相关系数矩阵是单位矩阵原假设，不适合做因子分析。

（2）KMO（Kaiser – Meyer – Olkin）检验

KMO 统计量是用于比较变量间相关系数的大小，包括简单相关与偏相关，其计算如下：

$$KMO = \frac{\sum \sum_{i \neq j} r_{ij}^2}{\sum \sum_{i \neq j} r_{ij}^2 + \sum \sum_{i \neq j} p_{ij}^2}$$

其中，r_{ij} 是变量 x_i 和变量 x_j 间的相关系数，p_{ij} 是变量 x_i、x_j 间的偏相关系数。$KMO \in (0,1)$。若 KMO 的值接近于 1，则简单相关系数的平方和在简单相关系数与偏相关系数之和中所占的比重越大，即变量之间相关程度越高，适合做因子分析。反之，不适合于做因子分析。

4. 文化产业动态能力具体评价

评价文化产业动态能力问题，由于待选取的指标较多，指标间相关的可能性较大，重复信息可能较多，因此采用因子分析法进行分析较为科学，可利用以下模型，最终求得区测评对象文化产业动态能力的得分及排名。

假设指标样本数据有 m 个指标，因子分析模型就是把这 m 个指标分别表示为 p（p < m）个主因子和特殊因子的线性组合，基本模型为

$$\begin{cases} x_1 = b_{11}F_1 + b_{12}F_2 + b_1pF_p + \varepsilon_1 \\ x_2 = b_{21}F_1 + b_{22}F_2 + b_2pF_p + \varepsilon_2 \\ \cdots\cdots \\ x_m = b_{m1}F_1 + b_{m2}F_2 + b_mpF_p + \varepsilon_m \end{cases}$$

其中 F_1、F_2、$\cdots$、F_p 作为主因子是彼此独立的主因子，ε_m 为特殊因子，代表着主因子不能解释的原有指标部分；系数 (b_{ij}) $p \times m$ 是第 i 个变量在第 j 个主因子上的系数，称为因子载荷，它揭示了第 i 个变量对第 j 个主因子的相对依赖程度，其绝对值越大，则依赖程度越高。

本章小结

本章主要探讨了文化产业动态能力评价体系的构建。首先，论述构建文化产业动态能力指导思想以及动态能力评价指标的选取原则，随后对当前国内外文化产业竞争力定量研究模型进行了比较与汇总，并在此基础上选择文化产业动态能力评价方法。在对层次分析法（AHP 法）、TOPSIS 法（简称"理想点法"）、灰色关联度分析法、数据包络方法、多元统计分析法等进行比较和充分分析多种综合评价方法的基础上，评

价文化产业动态能力问题。考虑到进行文化产业动态能力评价时有待选取的指标较多，指标间相关的可能性较大，且存在重复信息的可能性，结合我国文化产业的特点、文化产业的具体内涵和统计口径上存在前后年间的不一致，以及文化产业由于受文化本身的多样性影响等，使得文化产业的组成和产业体系具有的明显地域性特点，认为采用因子分析法进行分析较为科学，从而构建文化产业动态能力评价模型，进行量化评价，即求得文化产业动态能力的得分及排名情况。

第六章

江苏省文化产业动态能力与其经济发展耦合协调关系

自 1996 年江苏省率先提出建设文化强省的发展目标以来，江苏省文化建设力度不断加大，文化产业发展迅猛，连续多年保持着 25% 左右的增幅，且高于 GDP 以及服务业的增幅。据中国人民大学会同文化部等部委联合发布 2014 年中国文化产业指数，从中可以看出，江苏综合指数已经跃升至全国的第 2 位，"生产力""影响力"和"驱动力"均呈上升趋势。近年来，我国政府提出了大力发展文化产业，将文化产业建设成为国民经济支柱性产业的战略目标，昭示着文化产业又迎来了一个重要的历史发展阶段。江苏省面对新一轮的文化产业发展和竞争，不仅文化产业发展战略需要从"自发"阶段转为"以高度文化自觉性"的阶段，而且更要从提升文化产业动态能力的方面着力打造，为江苏省文化产业的持续、快速和健康发展提供有力保障，真正实现文化产业的战略性支柱产业的地位，加快推进文化大省向文化强省的跨越。本书将以江苏省为研究范本，进一步分析江苏省文化产业发展规模和速度、结构与效益，通过耦合协调度研判江苏省文化产业发展过程中文化产业动态能力与江苏经济发展的耦合关系，剖析江苏省文化产业动态能力主要影响因素，总结以往江苏省文化产业动态能力的作用发挥和存在的不足。本书的研究重点则是构建江苏省文化产业动态能力评价体系，并根据第三次经济普查中涉及江苏省文化产业有关权威数据，对江苏省文化产业动态能力进行评价。

第一节　江苏省文化产业发展规模和速度

根据 2013 年经济普查数据显示，江苏省全部文化产业增加值 2700.8 亿元，对 GDP 的贡献度为 4.6%，比上年提高 0.26 个百分点。文化产业法人单位数 9.4 万家，比上年增加长 16.1%；文化产业法人单位增加值为 2500.7 亿元，比 2012 年增长 19.8%，如图 6.1 所示。

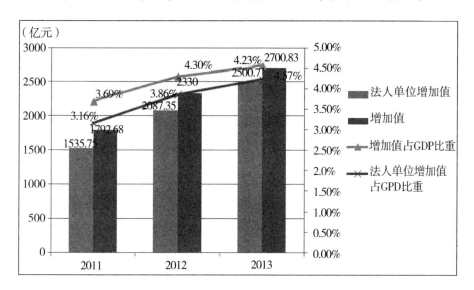

图 6.1　2011—2013 年江苏省文化产业增加值、增速及占 GDP 比重情况

数据来源：江苏省统计局 2013 年经济普查数据。

1. 传统文化产业总量规模不断增长

江苏省一直是传统文化产业的强省。2013 年，江苏省继续充分利用传统文化产业的优势资源和产业基础，改造和提升传统文化产业，成绩显著（见表6.1）。2013 年，江苏省广播电视总收入 259.74 亿元，与上年同口径比较增长 6.95%，江苏省新闻出版业营业收入 1616.53 亿元，同比增长 12.9%；江苏省有线电视用户数为 2249.44 万户，位居全国第一；广播覆盖率 99.99%、电视综合覆盖率 99.88%、有线电视入户率 93.1%、城市电影票房 20.21 亿元。

表6.1　2013 年江苏省传统文化产业发展情况

行业	单位数	从业人员（人）	营业收入（亿元）	利润总额（亿元）	增加值（亿元）
影视制作发行	152	11516	62.3	9.2	32.9
演艺	136	9127	41.0	6.5	16.2
娱乐	399	39523	157.3	22.9	76.7
新闻	2	428	1.2	0.2	0.4
出版发行	165	21902	181.6	22.0	49.1
印刷	642	104814	657.9	49.2	168.2
广告	409	17457	153.8	25.2	45.3
会展	64	5071	35.3	3.8	11.2
总计	1969	209838	1290.4	139.0	400.1

数据来源：江苏省统计局 2013 年经济普查数据。

2013 年，江苏省规模以上文化制造企业、限额以上文化批零企业、重点以上文化服务企业（以下简称"三上文化企业"）法人单位中，共有传统文化产业 1969 家，占三上文化企业法人单位的 33.4%。2013 年，三上文化企业法人单位中江苏省传统文化产业吸纳就业人数 20.98

万人，占三上文化企业法人单位全部从业人数的 20.8%；实现营业收入 1290.4 亿元，占三上文化企业法人单位全部营业收入的 15.38%；利润总额 139.0 亿元，占三上文化企业法人单位利润总额的 20.58%；实现增加值 400.1 亿元，占三上文化企业法人单位实现增加值总量的 21.7%。传统文化产业的各项指标都在三上文化企业法人单位中占有较大比例，人均创造增加值 19.1 万元，也高于全社会人均创造增加值水平。与 2012 年相比，三上文化企业法人单位中传统文化产业数量由 1264 家上升至 1969 家，增幅达 55.8%；而增加值由 329.4 亿元增长到 400.1 亿元，增幅为 21.5%，增加值的增长速度和企业数量的增长速度均稳步提升。

2. 新兴文化产业发展迅速

经过多年发展，江苏省新兴文化产业涵盖的门类日益增多，在江苏省文化产业版图中，新兴文化产业是发展潜力最大、创新性最强、科技含量最高的板块，是现代文化产业中的一支重要力量。

据不完全统计，2013 年江苏省新兴文化产业企业 1063 家，吸纳就业人数 161959 人，营业收入总额达 685.4 亿元，利润总额 74.7 亿元，实现增加值 255.1 亿元。新兴文化产业各项指标在文化服务业中占有很大的比例，同时新兴文化产业人均创造增加值为 15.8 万元。与 2012 年相比，三上文化企业法人单位中新兴文化产业数量由 742 家上升至 1063 家，增幅达 43.3%；而增加值由 183.8 亿元增长到 255.1 亿元，增幅为 38.8%，增加值的增长速度与企业数量的增长速度皆保持高速增长（见表 6.2）。

表6.2　2013 年江苏省新兴文化产业发展情况

行业类型	单位数	从业人员（人）	营业收入（亿元）	利润总额（亿元）	增加值（亿元）
电子出版物出版	5	553	2.1	0.4	0.7
互联网信息服务	101	19315	69.0	7.5	23.5
其他出版业	2	27	0.2	0.0	0.1
其他电信服务	20	3357	8.7	1.5	3.9
软件开发	344	65893	279.7	22.3	95.6
数字内容服务	20	2543	5.4	1.0	3.1
工程勘察设计	451	60377	248.3	35.3	104.1
专业化设计服务	120	9894	72.0	6.7	24.3
总计	1063	161959	685.4	74.7	255.1

数据来源：江苏省统计局 2013 年经济普查数据。

3. 内容生产创作日益丰富

近年来，江苏省加大精品战略的实施力度，将内容生产作为构筑文化产业核心优势的关键环节，涌现出一大批深受群众喜爱和市场欢迎的优秀舞台作品、影视剧、出版物和品牌栏目，实现社会效益和经济效益双丰收。如：原创话剧《枫树林》获第十届中国艺术节文华大奖；昆曲《牡丹亭》、锡剧《一盅缘》分获文华优秀剧目奖、剧目奖；唢呐演奏《苏北风情》、舞蹈《香脆萝卜干》、小品《浪漫的事》等 9 件作品和 3 个公共文化服务项目、5 位群众文化工作者获得群星奖；34 件美术作品入选全国美展，入选数量名列全国前茅。滑稽戏《探亲公寓》、锡剧《二泉映月·随心曲》、淮剧《半车老师》等 5 台剧目获得第十三届中国戏剧节优秀剧目奖、全国第一。

4. 重点文化企业成为中流砥柱

2013 年，江苏省文化产业法人单位 9.4 万家，实现增加值 2500.7

亿元。其中三上文化产业法人单位共有 5893 家，比去年增加 34.1%，吸纳就业人员 1008284 人，实现增加值 1800.2 亿元，由此可以看出，三上文化产业法人单位成为江苏省文化产业的核心组成部分，提升和丰富了江苏省文化产业发展内涵，引领产业发展方向。其中具有代表性的六大国有文化企业集团初步实现内涵式增长和外延式扩张，在不断提升自我成长的同时，也带动了江苏省文化产业的跨越式发展，为江苏省其他文化企业的发展树立了榜样与标杆。

第二节 江苏省文化产业结构与效益

一、江苏省文化产业结构状况

按照国家统计局颁布的《文化及相关产业分类 2012》标准（下文统称为分类标准），文化产业被划分为 10 个类别，细分行业跨越第二、第三产业的 123 个行业。本书根据江苏省 2013 年经济普查数据经过分析，江苏省三上文化企业业态分布特征如下。

1. 所有制结构

（1）内资、民营企业在数量上占据绝对的领先地位

截至 2013 年，江苏省三上企业中，内资文化企业达到 5067 家，占文化企业总量的比重超过八成；港澳台商投资企业 325 家，占总量的 5.5%；外商投资企业 534 家，占总量的 9.06%。在内资企业中，国有企业 278 家，占总量的 4.7%；民营等其他经济形式企业 5648 家，占总量的 95.84%。从企业数量上来看，三上民营企业、港澳台商投资企业、外商投资企业，成为江苏省文化产业发展的主要力量。

（2）民营企业、外资企业吸纳就业能力领先

2013 年，江苏省三上文化企业法人单位中，内资企业期末从业人数 615481 人，占总量的 61.0%；港澳台商投资企业从业人数 165661 人，占总量的 16.4%；外商投资企业从业人数 227142 人，占总量的 22.5%。具体来看，国有企业吸纳从业人数 51993 人，占总量的 5.2%；民营等其他经济形式企业从业人员 956291 人，占总量的 94.8%，民营企业和外资企业吸纳大量社会从业人员。

表 6.3　2013 年江苏省三上法人单位分所有制情况

注册类型	单位数	从业人员（人）	营业收入（亿元）	利润总额（亿元）	增加值（亿元）
内资	5067	615481	4449.3	377.4	1085.8
国有	278	51993	424.6	54.9	137.4
民营	4756	563488	4024.6	322.7	948.6
港澳台商投资	325	165661	1243.7	60.0	227.5
外商投资	534	227142	2697.3	238.0	486.9
合计	5893	1008284	8390.3	675.4	1800.2

数据来源：江苏省统计局 2013 年经济普查数据。

2. 行业结构

2013 年，江苏省主营业务为生产文化产品的三上文化企业法人单位共有 3243 家，占总量的 54.9%，比上年增加 865 家，增幅为 36.4%；属于文化相关产品的生产企业共有 2650 家，占总量的 45.1%，比上年增加 632 家，增幅为 31.1%，三上文化产品的生产企业增幅高于文化相关产品的生产企业（见表 6.4）。

表6.4　2013年江苏省三上法人单位分行业情况

行业类型	单位数	从业人员（人）	营业收入（亿元）	利润总额（亿元）	增加值（亿元）
文化产品的生产	3243	415852	2417.3	269.5	748.5
一、新闻出版发行服务	175	22910	185.1	22.6	50.3
二、广播电视电影服务	152	11516	62.3	9.2	32.9
三、文化艺术服务	136	9127	41.0	6.5	16.2
四、文化信息传输服务	185	49254	217.1	50.6	119.9
五、文化创意和设计服务	1338	156164	759.2	90.5	272.4
六、文化休闲娱乐服务	386	39523	157.3	22.9	76.7
七、工艺美术品的生产	871	127358	995.3	67.2	180.1
文化相关产品的生产	2650	592432	5973	405.9	1051.7
八、文化产品生产的辅助生产	776	114132	748.4	56.4	187.7
九、文化用品的生产	1609	406560	4496.0	306.3	754.1
十、文化专用设备的生产	265	71740	728.6	43.2	109.9

数据来源：江苏省统计局2013年经济普查数据。

3. 地区结构

江苏省在自然地理上形成了"苏南""苏中""苏北"三个区块，江苏省经济发展状况由南至北呈梯状分布，而文化产业的发展情况也有相似的区位特点（见表6.5）。

表6.5 2013年江苏省三上文化企业法人单位分地区情况

地区	单位数	从业人员（人）	营业收入（亿元）	利润总额（亿元）
苏南	3496	687654	6030.3	503.7
南京	929	142834	1719.8	219.3
苏州	969	249251	2071.7	118.0
无锡	558	119046	1016.7	63.6
常州	783	137080	868.2	76.0
镇江	257	39443	353.8	26.8
苏中	1063	158606	1182.0	78.1
扬州	207	47425	367.3	22.4
南通	684	90712	640.5	44.3
泰州	172	20469	174.2	11.4
苏北	1334	162024	1177.9	93.6
徐州	275	25331	192.7	21.2
连云港	210	20849	179.3	13.2
宿迁	283	37228	214.6	21.1
淮安	256	32961	268.1	15.0
盐城	310	45655	323.2	23.0

数据来源：江苏省统计局2013年经济普查数据。

从拥有三上文化企业法人单位的数量上可以看出：2013 年，江苏省三上文化企业法人单位中，苏南地区企业数量有 3496 家，占总量的 59.3%，是江苏省文化产业队伍的生力军；苏中、苏北地区企业数量相当，苏中地区企业数量为 1063 家，占总量的 18%；苏北地区企业数量为 1334 家，占总量的 22.7%。具体来说，在苏南地区，苏州和南京文化产业法人单位数量相对较多，分别为 969 家和 929 家，占总量的 16.4% 和 15.8%；在苏中地区，南通的文化产业法人单数数量明显高于其他两市，数量达到 684 家，占总量的 11.6%；在苏北地区，各地级市企业数量相当，发展相对均衡。

二、江苏省文化产业创造效益的能力

2013 年，江苏省文化产业无论是其产出还是利润水平都取得了较快的增长，在实现社会效益的前提下，资产规模逐步扩大，经济效益也显著提高。

1. 文化产业经济指标情况

（1）从所有制情况角度显示，国有文化企业充满活力

2013 年，全省三上文化企业法人单位中，内资企业营业收入总额 4449.3 亿元，利润总额 377.4 亿元，实现增加值 1085.8 亿元，占增加值总量的 60.3%；港澳台商投资企业营业收入总额 1243.7 亿元，利润总额 60.0 亿元，实现增加值 227.5 亿元，占增加值总量的 12.6%；外商投资企业营业收入总额 2697.3 亿元，利润总额 238.0 亿元，实现增加值 486.9 亿元，占增加值总量的 27.0%。其中，国有企业单位平均创造利润 0.1975 亿元，远高于其他类型 0.0877 亿元；国有企业单位创造增加值 0.494 亿元，也远高于其他类型企业 0.2 亿元。由此可以看出，国有企业在承担社会责任为重点的同时，不断增强企业活力，提高企业

效率，成为文化产业的中坚力量。民营企业继续发挥活力，共实现增加值948.6亿元，占总量的52.7%；而港澳台商投资和外商投资企业实现增加值714.4亿元，则以不到15%的企业数量实现了近40%的增加值。

（2）从地区结构看出，苏南地区文化产业表现突出

2013年，江苏省三上文化企业法人单位中，苏南地区企业营业收入总额达到6030.3亿元，实现增加值1268.3亿元，占增加值总量的70.5%；苏中地区企业营业收入总额达1182.0亿元，实现增加值258.5亿元，占增加值总量的14.4%；苏北地区企业各项经济指标与苏中地区相仿，其营业收入总额达1177.9亿元，实现增加值273.4亿元，占增加值总量的15.2%；营业收入总额排名前三的地级市分别为苏州、南京、无锡，三市营业收入总额占江苏省总量的57.3%；实现增加值排名前三的地级市分别为苏州、南京、常州，三市增加值总和占江苏省总量的55.3%。

2. 文化产业产出状况

江苏省文化产业到底处于什么发展水平，要深入到定量角度考察，这对于正确地认识和把握江苏省文化产业的状况，更具有参考价值。在此列出三上文化企业法人单位的增加值和总产出表，进行对比分析（见表6.6，其中，总产出＝增加值＋中间投入）。

表6.6 2013年江苏省三上文化企业法人单位总产出、增加值情况

行业	增加值（亿元）	增加值占比	总产出（亿元）	增加值占总产出比
一、新闻出版发行服务	50.3	2.8%	96.3	52.2%
二、广播电视电影服务	22.9	1.3%	62.3	36.8%
三、文化艺术服务	16.2	0.9%	41.0	39.5%
四、文化信息传输服务	119.9	6.7%	217.1	55.2%

行业	增加值（亿元）	增加值占比	总产出（亿元）	增加值占总产出比
五、文化创意和设计服务	272.4	15.1%	759.2	35.9%
六、文化休闲娱乐服务	76.7	4.3%	157.3	48.8%
七、工艺美术品的生产	180.1	10.0%	823.4	21.9%
八、文化产品生产的辅助生产	187.7	10.4%	776.1	24.2%
九、文化用品的生产	759.1	42.2%	4369.9	17.4%
十、文化专用设备的生产	114.9	6.4%	654.8	17.5%

数据来源：江苏省统计局 2013 年经济普查数据。

从表6.6中可以看出，江苏省三上文化企业法人单位中，增加值和总产出最大的均是文化产业中的文化用品的生产行业，同时也反映出除了文化艺术服务、广播电视服务、新闻出版发行服务的总产出外，其余行业相对处于较低水平。但如果将总产出与增加值相比较，发现文化服务行业中间消耗较低，投入产出率较高；而文化用品的生产、文化专用设备的生产、工艺美术品的生产等行业则相反。这是因为文化服务行业具有高知识性、高增值性和低能耗、低污染等特征，中间投入的消耗相对较少；而文化产（用）品的生产需要消耗大量的人力物力，并且需辅以较高的技术投入，因此投入产出相对较低，如图6.2所示。

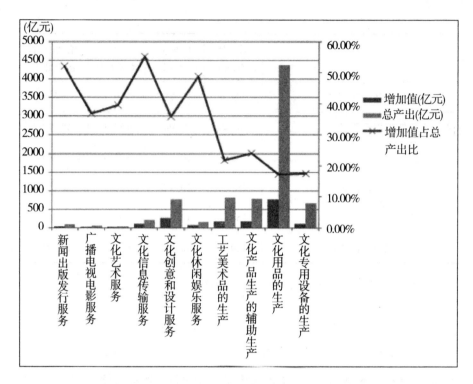

图 6.2 2013 年江苏省三上文化企业法人单位增加值占总产出比情况

数据来源：江苏省统计局 2013 年经济普查数据。

3. 文化产业财务效益状况

根据江苏省三上文化企业法人单位财务盈利能力情况分析，总体来说具有较好的盈利能力。文化产（用）品设备批零业、文化产（用）品设备制造业和文化服务业，净资产收益率分别为 -22.20%、80.08% 和 76.80%，总资产报酬率分别为 27.73%、70.82% 和 26.46%，销售利润率分别为 4.75%、4.36% 和 0.54%，成本费用利用率分别为 5.89%、5.56% 和 21.77%。其中，净资产收益率指标反映出文化产（用）品设备制造业和文化服务业数值相近，均在 76% 以上，说明投资带来的收益很高；总资产报酬率指标是指息税前利润除以平均资产总

额，该指标反映出文化产（用）品设备制造业较高，资产的获利能力
强；销售利润率表示企业利润总额与净销售收入的比率，该指标反映出
文化产（用）品设备批零业和文化产（用）品设备制造业销售收入的
收益水平相近，盈利能力较好；成本费用利润率指标反映出文化服务业
的经营耗费所带来的经营成果较好，如图6.3所示。

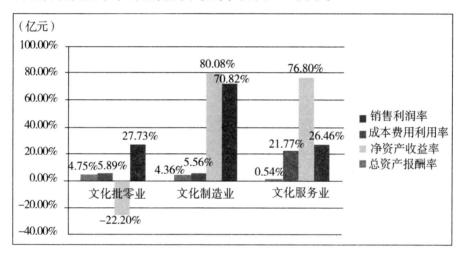

图6.3　2013年江苏省三上文化企业法人单位三大行业财务比率情况

数据来源：江苏省统计局2013年经济普查数据。

从文化产业十大行业角度分析，总的净资产收益率为60.73%，总
资产报酬率为45.39%，总销售利润率为2.89%，总成本费用利润率
为12.14%。

根据2013年江苏省三上文化企业法人单位财务效益状况（见表
6.7）分析得出以下结论。

比较净资产收益率情况，在上述法人单位中，文化艺术服务、文化
创意和设计服务、文化休闲娱乐服务、文化产品生产的辅助生产、文化
用品的生产等行业均在60%以上，其中最高的为文化创意和设计服务
行业，其净资产收益率为101.62%。说明以上法人单位的自有资本获

取收益的能力较强，积累获取报酬水平高，运营效益好。而广播电视电影服务、文化专用设备的生产行业净资产收益率为负值。

表 6.7　2013 年江苏省三上文化企业法人单位财务效益状况（行业平均值）

行业类型	净资产收益率	总资产报酬率	销售利润率	成本费用利润率
新闻出版发行服务	19.80%	9.63%	6.48%	8.46%
广播电视电影服务	−33.73%	21.93%	0.56%	11.07%
文化艺术服务	82.60%	60.91%	0.42%	25.68%
文化信息传输服务	29.16%	8.96%	8.16%	16.44%
文化创意和设计服务	101.62%	27.86%	−2.60%	25.32%
文化休闲娱乐服务	67.75%	21.98%	4.55%	16.85%
工艺美术品的生产	6.50%	28.83%	5.56%	6.67%
文化产品生产的辅助生产	94.89%	184.89%	5.14%	7.75%
文化用品的生产	62.50%	21.23%	3.80%	5.11%
文化专用设备的生产	−0.37%	15.83%	3.78%	4.91%
加权平均值	60.73%	45.39%	2.89%	12.14%

数据来源：江苏省统计局 2013 年经济普查数据。

比较总资产报酬率，总资产报酬率最高的是文化产品生产的辅助生产行业，总资产报酬率为 184.89%，其次为文化艺术服务行业，总资产报酬率为 60.91%，其他行业均在 30% 以下。数据表明文化产品生产的辅助生产、文化艺术服务行业的资产利用效率高，获利能力较强，经营管理水平较高。

比较销售利润率，除广播电视电影服务、文化艺术服务较低外，其他行业的销售利润率均在 3.7% 以上，表明上述行业具备了一定的市场竞争力和发展潜力。而文化创意和设计服务行业的销售利润率为 −2.6%，这是由于文化创意和设计服务行业中有 352 家企业处于企业初创阶段，尚未真正步入正常运营轨道，单个企业的销售利润率极低所造成，此外该行业还有 39 家企业净资产为负数的情况，共计为 -3.41 亿元。

比较成本费用利润率，文化艺术服务、文化创意和设计服务的数值均在 25% 以上，文化信息传输服务、文化休闲娱乐服务行业的数值在 16% 以上。而其他行业的成本利润率数值相当。数据表明，文化艺术服务、文化创意和设计服务、文化信息传输服务、文化休闲娱乐服务行业的获利能力相对较强，对成本费用的实际控制能力和经营管理水平也较高。

第三节　文化产业动态能力与江苏省经济发展耦合协调关系

经济发展对于文化产业提升的影响主要表现在：一个国家或者地区的文化产业结构，很大程度上由该国或者该地区的经济结构所决定；经济发展创造出更加多元的文化消费内容和更多的文化消费者；经济发展程度的好坏决定着文化产业的兴衰；经济发展能够为文化产业的发展提供资金保障等。因此经济发展无疑成为文化产业动态能力提升的动因之一，也说明了文化产业动态能力与经济发展存在耦合协调关系。

一、文化产业动态能力与江苏经济发展耦合协调度分析

本书通过实证分析，计算文化产业动态能力与江苏经济发展的耦合协调度，摸清各子系统之间的现状协调情况，从而为最终发展方案建议奠定基础。如下表 6.8 所示，按照耦合协调度的大小，将文化产业动态

能力——经济发展现状标准划分为三大类十亚类，并将协调度划分为文化产业动态能力滞后、经济发展滞后、两者同步三个类型。

表6.8 文化产业动态能力——经济发展耦合协调度分类体系

大类	耦合协调度	亚类	$f(x)$、$g(y)$ 关系及类型
协调发展区间	0.90 – 1.00	优质耦合协调类	
	0.80 – 0.89	良好耦合协调类	
	0.70 – 0.79	中级耦合协调类	(1) 当 $m = min\{f(x)$、$g(y)\}$ 时，为 m 滞后型；(2) 当 $f(x) = g(y)$ 时，为文化产业动态能力——经济发展同步型
	0.60 – 0.69	初级耦合协调类	
过度调和区间	0.50 – 0.59	勉强耦合协调类	
	0.40 – 0.49	濒临失调谁退类	
	0.30 – 0.39	轻度失调衰退类	
失调衰退区间	0.20 – 0.29	中度失调衰退类	
	0.10 – 0.19	严重失调衰退类	
	0 – 0.09	极度失调衰退类	

注：$f(x)$、$g(y)$ 分别表示文化产业动态能力、经济发展的综合评价函数。

1. 数据处理

为了消除各指标变量的量纲的影响，对数据进行标准化处理。与目标指标即文化产业动态能力和经济发展正相关的指标原始数据观测值越大，得分越高：

$$n'_i = \frac{n_i - n_{min}}{n_{max} - n_{min}} \qquad (6-1)$$

其中 n_i 是某地区第 i 个指标的观测值，n_{max}、n_{min} 分别是样本总量中第 i 个指标的观测值最大值与最小值。相反，与目标指标负相关的指标原始数据观测值越小，得分越高：

$$n'_i = \frac{n_{max} - n_i}{n_{max} - n_{min}} \qquad (6-2)$$

2. 计算权重

权重计算采用熵值法，首先计算熵，公式如下：

$$H_i = \frac{1}{\ln k}\left(\sum_{j}^{t} f_{ij}\ln f_{ij}\right),(i = 1,2\cdots,k;j = 1,2\cdots,t)$$

$$f_{ij} = \frac{n_{ij}}{\sum\limits_{j=1}^{t} n_{ij}},(i = 1,2\cdots k;j = 1,2\cdots,t) \tag{6-3}$$

式中，n_{ij} 代表归一化处理之后的各指标值。不难发现，若 $f_{ij} = 0$ 或 1，则 $\ln f_{ij} = 0$，这与文化产业动态能力——经济发展系统的复杂性实际不一致，故对 f_{ij} 进行修正：

$$f_{ij} = \frac{1 + n_{ij}}{\sum\limits_{j=1}^{t} (n_{ij} + 1)},(i = 1,2\cdots k;j = 1,2\cdots,t) \tag{6-4}$$

其次，计算熵权。在计算了熵值之后，可计算评价指标的熵权值，令指标权重向量为 $W = \{w_1, w_2, \cdots, w'_k\}$：

$$w_i = \frac{1 - H_i}{k - \sum\limits_{i=1}^{k} H_i},(0 \leqslant w_i \leqslant 1, \sum_{i=1}^{k} w_i = 1) \tag{6-5}$$

3. 耦合协调度计算

首先计算耦合度：

$$f(x) = \sum_{i=1}^{m} w_i x'_i$$

$$f(y) = \sum_{j=1}^{n} w_j y'_j \tag{6-6}$$

上式分别表示文化产业动态能力、江苏经济发展的综合评价函数，y'_j 与 x'_i 计算公式一样。因为本书只有两个子系统，所以耦合度为：

$$C = \left\{ \frac{f(x) \cdot f(y)}{[f(x) + f(y)]^2} \right\}^{\frac{1}{2}} \tag{6-7}$$

另外，耦合度只能表示文化产业动态能力与经济发展水平之间相互作用的强弱程度，并不能够说明二者协调发展水平的高低。因此，在此基础上，引入耦合协调度模型：

$$D = \sqrt{C \cdot T}, T = \alpha f(x) + \beta f(y) \tag{6-8}$$

其中，T 为文化产业动态能力——经济发展系统综合评价指数，α、β 分别为待定系数，根据王春萍和吴媚（2012）的研究，令 $\alpha = \beta = 0.5$，其余变量与上文一致。

根据文化产业动态能力评价指标（见表6.9）计算文化产业动态能力序参量，再选取江苏省财政收入、国民生产总值（GDP）以及劳动力就业计算各地级市经济发展序参量，最后得出文化产业动态能力—经济发展系统耦合协调度。

表6.9　江苏省文化产业动态能力—经济发展系统耦合协调度

地级市	综合评价指数	耦合度	耦合协调度	
	0.6710	0.4912	0.5741	勉强耦合协调
苏州	0.8815	0.4955	0.6609	初级耦合协调
无锡	0.4693	0.4999	0.4844	濒临失调衰退
常州	0.3054	0.4704	0.3790	轻度失调衰退
镇江	0.1515	0.3841	0.2412	中度失调衰退
扬州	0.1640	0.4772	0.2797	中度失调衰退
南通	0.3304	0.4982	0.4057	濒临失调衰退
泰州	0.1519	0.4864	0.2718	中度失调衰退
徐州	0.2757	0.4928	0.3686	轻度失调衰退

地级市	综合评价指数	耦合度	耦合协调度	
连云港	0.0967	0.4450	0.2074	中度失调衰退
宿迁	0.0967	0.4399	0.2062	中度失调衰退
淮安	0.1503	0.4640	0.2640	中度失调衰退
盐城	0.2136	0.4901	0.3236	轻度失调衰退

数据来源：江苏省统计局2013年经济普查数据。计算结果保留四位有效数字。

综合评价指数分析。2013年文化产业动态能力—经济发展系统中，除了南京和苏州两市以外，江苏省其他地级市的综合评价指数都比较低。这反映出，江苏13个地级市中，只有南京和苏州两处的文化产业动态能力发展与经济水平相一致，其他地区的文化产业动态能力大小与经济发展水平不一致。这是由于，南京与苏州，一个是省会城市、六朝古都，文化底蕴浓厚，文化产业动态能力较强；另一个是中国著名的历史文化名域，江苏经济大市，产业经济发展水平高，文化产业发展也是处于领先地位，文化产业动态能力强。这也从侧面反映出江苏省文化产业动态能力以及经济发展不平衡。

耦合协调度分析。从文化产业动态能力—经济发展系统耦合协调度看，江苏省的13个地级市的文化产业动态能力与经济发展水平耦合水平均接近0.5，处于中度耦合水平，然而耦合协调度却普遍比较低。意味着，江苏省文化产业动态能力与经济发展水平的协调程度并不高，这可能是因为文化产业动态能力发展滞后而引起，因而提升江苏省文化产业动态能力尤为迫切。

二、提升文化产业动态能力对于江苏省经济转型的重要意义

文化产业大发展是江苏省经济社会发展的时代要求，在江苏省转变

经济增长方式大背景下具有史无前例的发展机遇。江苏省是经济发达的大省和文化大省，一方面人们在物质财富不断增长的同时，对于精神文化的需求日益提升，比如，江苏省的住房、养老、医疗、教育等方面的各项改革走在全国的前列，对于文化、教育、娱乐等消费需求需要得到极大释放；另一方面，江苏省发展文化产业的基础条件较好，突出表现在江苏省文化资源丰富，经营管理现代化水平较高，高等院校数量和质量均名列全国前列，省内居民重视教育以及整体受教育程度较高等方面，为文化产业的发展奠定了坚实的基础和提供了良好的机遇。

然而，江苏省文化产业发展如果仅定位于行业本身一定是不可取的，因为它与体制改革、科技创新，可以并称为拉动其经济实现转型的"三驾马车"，它对于江苏省经济转型升级有着十分重要的意义。一是加快江苏省经济增长方式向消费拉动转型。当投资与出口增速减缓时，消费对经济增长的作用日益受到重视，这也是经济发展转型的方向。从国际一般水平来看，当一国人均国内生产总值（GDP）不低于 3000 美元时，居民文化消费水平呈现显著增长。2013 年江苏省人均 GDP 已突破 12000 美元，但从统计数据中可以看出，江苏省城乡居民文化消费支出普遍较低，占消费总支出比重人均尚不到 15%，增长空间很大。二是进一步促进江苏省第三产业比重的提升。文化产业十大行业中的六个行业（新闻出版广电等）是服务业，而这六个行业又正是江苏省重点发展、增长潜力较大的文化产业。三是为其他产业发展赋予新内涵提供新机遇。比如，一栋房子如果建在有图书馆、剧院、体育场的附近，再有充满文化品位的庭院设计和物业服务，就势必实现增值，抬高房价，这正说明了文化与产业融合所产生的新价值，将文化融入不同产业，赋予产业新的内涵，品牌特色就易形成，潜在的市场就会显现，转型的机遇也就会出现。四是有助于结构性就业难题的破解。就业就是民生，近年来，我国一方面出现了大学生找不到工作，就业难的局面，而另一方面各技术等级的劳动力又呈现供不应求的结构性就业难问题。这一问题在全国拥有高等院校众多的江苏省更显突出。文化产业尤其是文化服务行业的发展，对非低端人才的潜在需求量是很大的，这将有助于这一难题的破解。

本章小结

本章主要针对江苏省文化产业动态能力与其经济发展耦合协调关系进行分析和阐释，即分析江苏省文化产业发展规模和速度、结构与效益，通过耦合协调研判江苏省文化产业发展过程中文化产业动态能力与江苏经济发展的耦合关系，从而剖析江苏省文化产业动态能力的作用发挥状况，提出提升文化产业动态能力对于江苏省经济转型的重要意义。

第七章

江苏省文化产业动态能力影响因素分析

　　江苏省是我国经济最发达的省份之一，也是一个文化大省，它地处长江下游，东临大海，西连楚地，北接齐鲁，南依吴越。江苏省社会财富丰富，人文荟萃，名城汇聚，多元文化在此交融、汇聚，形成了独具魅力、气象万千、底蕴深厚的江苏文化，因而江苏省利用优裕的文化资源发展文化产业有着得天独厚的条件和优势。近年来，江苏省文化产业发展取得了长足进步，但是就其整体发展状况而言，存在着与江苏经济发展水平耦合程度不高，匹配程度稍弱的问题，江苏省文化产业动态能力亟需提升和增强，从而进一步扩大文化产业发展空间和发展潜力。文化产业动态能力往往受到来自于产业内生因素和外部因素的影响，主要表现为文化产业相关政策、经济环境、人口因素、产学研以及与其他相关产业融合等方面对于文化产业动态能力的影响。

第一节　相关政策对江苏省文化产业
动态能力的驱动作用

一、重大文化产业政策相继出台

自我国政府提出文化产业大繁荣大发展的战略指向，随之相关文化政策及管理制度频繁出台，旨在推动以文化产业成为国民经济支柱产业为总纲，以国家政策作为引导文化产业发展的方向性标杆和推进文化产业发展的基本手段。藉此契机，江苏省加大文化产业推进力度，践行中央下发相关文件精神，全面实施促进文化产业又好又快发展的各项决策部署，在此基础上相继出台了切合江苏省文化产业实际的政策文件，为江苏省文化产业链及其各个环节的有序健康发展和文化产业动态能力的提升提供了政策支持。比如，江苏省陆续出台了关于文化创意和设计服务与相关产业融合发展、转企改制文化单位发展、现代服务业（文化产业）发展专项引导资金使用、加强文化科技创新、加强知识产权保护等方面的文件。此外，2013 年，江苏省文化改革发展领导小组制定出台《江苏省重点文化产业园区认定管理办法》，在全省推出 23 家首批江苏省重点文化产业园区。这些园区的建设和加强，主要呈现出文化产业空间布局的进一步优化和文化产业园区集聚能力增强，同时也促进了江苏省文化与科技融合的进一步加速等。为加强示范、树立典型，加快文化产业园区建设，2014 年江苏省文化厅将南京秦淮特色文化产业园等 7 家单位命名为江苏省文化产业示范园区，其目的是推动江苏省文化产业跨越式发展；同年出台了促进旅游业发展的"畅游江苏"实施意见，更加为"文化+旅游"助力发展。江苏省共有44个项目入选《2014年度中央文化产业发展专项资金支持名录》。2015年6月9日，江苏省委、省政府制定《关于推动文化建设迈上新台阶的意见》，明确了新形势下推进文化建设的时间表、路线图和任务书，该意见的出台，对于江苏省进一步深入推进思想理论武装，大力推进文化传承创新，促进文化产业提质、增效、升级，提高文化开放水平等大有裨益。

　　这一系列政策与利好，不仅为江苏省文化产业迈上新台阶做好了政策准备，而且更是在助推江苏省文化产业动态能力全面提升，对于实现江苏省文化产业大发展大繁荣具有明显的不可替代的驱动作用。

二、公共文化服务体系不断完善

　　江苏省公共文化服务体系不断完善，开展了以"八大行动"为指针的公益性文化事业发展提升运动。江苏省历来注重公共文化设施的建设，为广大人民群众提供丰富的公共文化产品；与此同时，江苏省加快三网融合的步伐，推进公共服务领域文化资源的整合升级，促进民众更好地享受公共文化服务所带来的改革发展成果。比如，将有线电视数字化整体转换放在率先位置，加快内容集成和数字传输综合平台建设，丰富在线节目内容，增强广大群众对文化服务的自主选择性。所有这些，也为江苏省发展文化产业提供了基础保障，为提升江苏省文化产业动态能力构建了更好的平台。

第二节　经济环境对江苏省文化产业动态能力支撑作用

　　2013年，江苏省实现生产总值59162亿元，人均GDP 74602元。

良好的经济环境为江苏省文化产业动态能力提升提供了坚实的基础和支撑。从经济学角度分析，文化产业领域中的文化产业投资、文化消费、对外文化贸易是拉动文化产业发展的"三驾马车"，成为江苏省文化产业动态能力的动力源。

一、坚实的经济基础是文化产业动态能力发展的保障

经济基础是文化产业动态能力提高最基本的因素之一。江苏省宏观经济发展态势迅猛，转型升级步伐加快。文化产业作为现代服务业的重要组成部分，是推动产业升级优化的动力。比如，2013 年江苏省服务业增加值占 GDP 比重达 45%；全年高新技术产业产值超过 5 万亿元，占规模以上工业比重达 38.5%，全年十大战略性新兴产业销售收入比上年增长 18%。全年全省授权专利量 23.96 万件，其中专利发明 1.68 万件，知识产权综合发展指数跃居全国前列。

工农业发展及其代表的整个江苏地区的整体经济水平与江苏省文化产业动态能力之间存在着辩证统一关系，二者相辅相成。江苏省工农业发展态势良好，尤其是全省粮食生产实现新中国成立以来首次"十连增"，与文化产业相关联的生态农业、休闲农业等现代农业发展较快，全省新增设施农业面积 90.4 万亩；全省规模以上工业增加值比上年增长 11.5%。

二、投融资渠道多元创新助推文化产业动态能力提升

江苏省文化产业已基本形成多元化的融资渠道，并在该领域多元创新取得较大进展。自 2007 年以来，江苏省设立文化产业引导资金，资金规模逐年上升；2009 年起，江苏省一些条件较好的地区也纷纷设立了文化产业引导资金和奖励资金，由本级财政安排资金，助力本土的文

化产业动态能力的提升。由此，一批创新能力强、发展前景好、具有市场竞争力的文化产业项目从中获益，增强了江苏文化产业动态能力，促进了江苏文化产业的发展。此外，江苏省还在金融支持文化产业动态能力方面采取了一系列具体举措，比如，对重点公司开拓国内外市场提供资金支持；加大对高科技文化企业金融支持力度，国家政策性银行对省文化科技企业优先给予贷款融资支持；又如，江苏省银行在南京分别与江苏省内三家企业签订《金融支持文化产业发展战略合作协议》，开始了文化产业与金融产业的深度合作。随着江苏省文化产业逐步向纵深发展，财政税收政策也起了一定的促进作用。研究表明，对于江苏省而言，江苏省管辖内的地级市的财政投入指数与文化发展指数存在一致性，且该地级市文化企业总税负越低，则文化产业发展水平越高。这从一个侧面说明了提升江苏省文化产业动态能力，需要财税政策的有效运用。

此外，2013年江苏省全年完成固定资产投资35982.5亿元，分布于国民经济的三大产业，主要为项目投资和房地产开发投资。而这些投资文化产业则包含其中，这是由于在我国文化产业的统计分类中，文化创意和设计服务是文化产业组成部分之一，而建筑设计服务中的工程勘察设计（房屋建筑工程设计服务、室内装饰设计服务、风景园林工程专项设计服务）属于文化创意和设计服务的范畴，因而在这一轮投资活动中，文化产业动态能力得到提升。

三、消费为文化产业动态能力提升提供持续动力

消费是调整经济结构、拉动经济增长的重要载体，而文化消费的增长所带来的就不仅仅是文化产品生产的突破，还是整个文化产业乃至国民经济发展水平的提高，质量和效益的改善。2013年江苏省全年实现

社会消费品总额 20656.5 亿元，居民消费价格总水平较 2012 年上涨 2.3%。在八大类商品中，娱乐教育文化用品及服务价格上涨 1.3%。全年工业生产者出厂价格比去年下降 2%，工业生产者购进价格下降 2.9%。江苏省居民消费水平持续上升，城乡居民收入稳步增长。根据住户抽样调查显示，2013 年江苏省城乡居民的人均可支配收入分别达到 32538 元和 13598 元，较上年分别增长 9.6% 和 11.4%。江苏省城乡居民的消费结构、消费领域、消费意识等均发生了较大变化，比如，在教育培训、健身、旅游等与文化相关联的一些服务型消费快速增长，居民消费水平与居民收入的增长创造出文化产业的消费者。随着经济的发展，人们对于文化产品的消费将会发生更大的变化。对于提升文化产业动态能力而言，更加值得关注的是文化消费水平问题。为了顺应这样的变化趋势，文化产业需要不断创新，生产出更加符合大众需求的文化产品和服务来培育、引导大众的文化类消费，拓展文化消费领域。文化消费作为消费的一种形式，虽与物质消费相伴而生，但只有在经济社会发展到一定阶段和历史水平，人们的物质生活得到极大满足时，文化消费才会引起足够的重视。也就意味着物质生活需求的满足对于人们思想道德素质的提高和人的全面发展，以及文化消费需求具有基础性意义。2013 年城镇居民人均总收入 35131 元，城镇居民人均收入明显高于农村，是农村居民的 2.58 倍。如"恩格尔法则"所言，随着经济水平的提高，人们的收入水平与其消费结构必然会发生一定变化，而这种变化将会导致需求方向的改变，进而促进消费的提升，而消费的提升最终又会反向地要求提高和发展生产水平。消费需求是经济可持续发展的动力，所以积极主动地引导文化消费，才是影响江苏省文化产业动态能力提升的关键。

此外，从江苏省公共文化消费情况分析，公共文化消费的增长不仅促进了本地文化消费市场的扩大，而且可以带动民间隐性文化消费需求的巨大增长，发挥出政府资金引导消费的作用，带动地方文化经济的发展。江苏省文化体育与传媒支出从 2004 年的 32.11 亿元增加至 2013 年的 173.54 亿元，9 年间增长达 5 倍多。近年来，江苏省公共文化支出占财政支出比重不断提升，2013 年达到 2.23% 的水平，但是与 2004 到 2006 年这 3 年间的水平仍存在一定差距，未来还需不断加大对文化产业的财政投入，如图 7.1 所示。

（亿元）

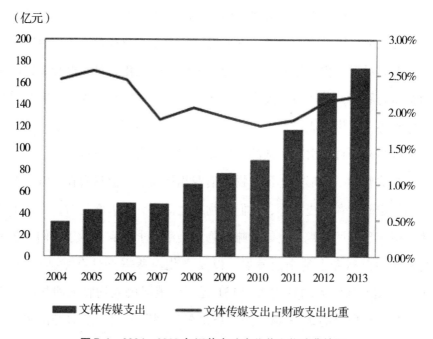

图 7.1 2004—2013 年江苏省政府公共文化消费情况

数据来源：江苏省统计局 2013 年经济普查数据。

四、对外文化贸易是江苏省文化产业动态能力提升的独特表现所在

无论是文化产业还是其他产业，进出口贸易水平是一个国家和地区

综合竞争力的重要表现。2013年江苏省全年实现进出口总额5508.4亿美元，而吸引外资规模继续保持全国领先。江苏省在文化产业进出口方面的表现更加突出。近年来，江苏省抓住建设文化强省的战略机遇，统筹国内外两个市场，积极发展对外文化贸易，呈现出骨干文化企业成绩突出、核心文化内容产品和服务出口实现突破、海外平台建设取得新进展等特点。除此之外，大型文化企业纷纷通过海外并购、设立海外分公司、建设海外文化中心等方式，加强海外平台建设。商务部相关统计资料显示，2013—2014年度江苏省共有国家文化出口重点企业28家，重点项目6个，涵盖图书出版、动漫制作、印刷复印、工艺美术、加工制造、演艺娱乐等多个行业，版权贸易等取得较大进展。江苏省进一步推动新闻出版"走出去"，4家企业和3个项目入选2013—2014年度国家文化出口重点企业和项目；组织出版发行单位参加国内图书订货会、博览会、图书交易会和书展等，不断提高江苏省新闻出版业对外传播力和国内外市场开拓力。

江苏省加强文化出口骨干企业培育，如2013年江苏省广播电视总台（集团）海外业务实现收入4671.97万元，连续两届荣获"国家重点文化出口企业"称号。江苏广播电视总台在文化产业"走出去"过程中，推进本地化战略，取得了较好成效。比如，其着力打造市场主体，专门成立了全资的江苏广电国际集团，并开设国际公司（如：美国分公司和英国分公司）。在我国国有广电机构中，江苏广播电视总台在国际贸易销售规模上仅次于中国国际电视总公司，在省级广电机构中排名第一，近三年合同金额累计近300万美元。而运营本地频道是其实施本地化战略最直接的方式，江苏广播电视总台与香港电讯盈科旗下NOW TV付费频道进行了合作。除国际版权销售外，江苏广播电视总台经过多方探索，拓展了诸如节目模式输出、拓展非洲"模转数"项目、推进国际合拍项目等多个创新的文化贸易模式。除了做好核心的内容生产与营销以外，江苏广播电视总台积极拓展新业务，收购了两家留学、商旅公司，将文化贸易与教育培训、商旅结合，进一步扩大海外业务规模。《非诚勿扰》成为我国首个模式和内容输出的节目；另有22家动漫企业、68人次、33个动漫项目赴海外参展。江苏省山猫兄弟与美国新时代卫视传媒集团等3家美国电视媒体签订了播出授权协议，播出覆盖北美7大城市及美洲、欧洲、非洲、日本及东南亚等国家和地区，累计出口超过4500万美元。此外，有着国内出版业"航母"美誉的江苏省凤凰出版传媒集团是江苏省文化产业的龙头企业，2013年江苏省凤凰出版传媒集团版权输出增长，版权收入23.6万美元（约合146.8万人民币），年输出品种150种，该集团旗下子公司虽处于设立初期阶段，却已承接国际高端印刷加工业务到国内生产，2013年公司承接海外加工订单销售3200万元，实现出口销售2050万元；印刷业务已经拓展到哈萨克斯坦等周边国家。

第三节　人口因素对江苏省文化产业动态能力的拉动性

人口因素对于江苏省文化产业动态能力提升而言有着重要的地位和作用，因为文化产业全部生产行为（如文化产品生产与服务）的基础和主体是人，人是生产力中的决定因素，而文化产业一个鲜明特点就是直接的文化消费主体也是人。人口数量对于江苏省文化产业动态能力具有重要影响，而人口中的城乡、性别、年龄的差别也会波及文化产业动态能力的发挥。

一、江苏省人口规模结构状况

江苏省人口密度居全国第一，人口总量位居全国前列。2013 年年末江苏省常住人口 7939.49 万人，比上年末增加 19.51 万人，增长 0.25%。在常住人口中，男性人口为 3997.09 万人，女性人口占比为 49.66%，女性人口数量高于全国水平。一般而言，相较于男性，女性在大众文化的需求层面表现显得更为强烈。在年龄分布上，0—14 岁人口为 13.06%，15—64 岁人口为 75.16%，65 岁及以上人口为 11.78%。由此可以看出，人口分布上主要以青壮年为主。一般情况下，人口规模和年龄分布与文化消费市场存在正相关关系，即人口规模大，则消费者的人数就越多；中青年相较于老年人，文化消费支出较大一些，带动的文化消费市场就越大。反之亦然。

众所周知，文化消费会随着时代的发展而焕发新的活力。现今，文化消费正向着主流化、创新化、亲民化、全球化方向发展，江苏省城乡居民文化消费支出总额不断增加，市场规模不断扩大。江苏省文教娱乐服务支出（如图 7.2）、文教娱乐用品及服务支出正持续扩大（如图 7.3）。2012 年江苏省城镇居民家庭人均消费性支出 1.88 万元，同比增长 12.14%，人均教育文化娱乐服务支出 0.31 万元，同比增长 14.18%，其增速高于消费总支出增速 2.04 个百分点，占城镇居民家庭人均消费性支出的 16.35%，比上年增加 0.3 个百分点；农村居民家庭人均消费性支出 0.87 万元，同比增长 12.50%，人均教育文化娱乐服务支出为 0.12 万元，同比增长 13.68%，增速高于消费总支出增速 1.18 个百分点，占农村居民家庭人均消费性支出的 13.98%，比上年增长 0.1 个百分点。江苏省城乡居民的文化消费支出不断增长，且增速高于消费总支出的增长速度，文化消费市场呈现稳定壮大的发展态势。

　　从图7.2和7.3中也可以看出，2003—2012年城乡家庭人均教育文化娱乐服务支出总量不断增加，但是我们同时也看到，城乡居民文化消费总量占总支出的比重一直处于低位，2003—2012年城镇居民人均教育文化娱乐服务支出增长率变化起伏较大，而农村较为平缓，稳定在15%左右，城镇的最高增长率大于农村水平，这初步说明城镇文化需求潜力大，未来需着力创造城镇文化需求，实现城镇文化消费的大幅快速增长，同时注意拉动农村文化消费水平提升，尽快使其跃入更高水平增长的稳定新台阶，以此促进江苏省文化产业居民消费的快速发展。

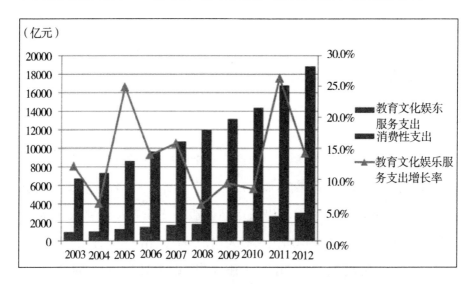

图7.2　2003—2012年江苏省文教娱乐服务支出情况

数据来源：江苏省统计局2013年经济普查数据。

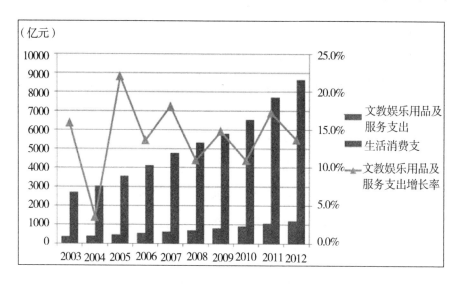

图7.3　2003—2012年江苏省文教娱乐用品及服务支出情况

数据来源：江苏省统计局2013年经济普查数据。

第四节　产学研合作对江苏省文化产业动态
能力的推动作用

提升文化产业动态能力的关键要素是具备综合素质的文化产业人才。产学研紧密结合，多渠道锻造文化产业各类人才，是提升文化产业动态能力的关键，而江苏省有着得天独厚的历史文化资源和现代教育资源，它们为文化产业产学研合作提供了条件。

一、丰厚的历史文化资源为其提供土壤

中国文化在历史演进中形成了五大区域性文化特征，其中的东南文

化以文人文化最有成就而独树一帜，江苏文化则所属其中。

一万年前，江苏省境内的晚期智人已创造了很高水平的石器文化，石器时代作为江苏文化的孕育期。江苏省境内有着距今约 5000 年的良渚文化遗址，且大多分布于"扬州"地区，从其出土的玉器中也明显显示出江苏和美、细润的人文特色。进入春秋战国和秦汉时期，江苏省兼容了吴、楚、越文化，如这一时期的青铜工艺、成语故事、散文、诗歌、工艺品等，其柔中寓刚的特质显现出独具特色的美学特征。直至进入六朝文人文化时期，成为江苏文化的成熟期。六朝文人文化时期，儒释道三教相互兼容、激荡，江苏在科技、哲学、文字、绘画、书法、雕塑、乐舞等各个方面，都达到高峰。此后历经唐、宋、元、明、清时期，江苏文人文化与市民文化交融，江苏文化更加呈现出多元发展的趋势。其中以古典四大名著、三言二拍为代表的小说，以苏州、扬州为典型的园林及图书编修、出版、收藏等文化学术事业都达到了至高境界。鸦片战争以后，江苏文化异彩纷呈。民间文化不断涌现和崛起，如：地方戏曲、民间工艺等，特别是拥有被称为"百戏之祖"的昆剧。昆剧于 2001 年 5 月被联合国教科文组织确定为"人类口述和非物质遗产代表作"。此外，这一时期的企业文化对江苏乃至中国现代文明的产生、发展具有开拓性的贡献，它是江苏经济特别是民族工业快速发展的直接渊源。

文化资源只是文化产业可以开发利用的一个基础因素，其文化内核具有内隐性和含蓄性，它还需要加以一系列的文化元素的烘托和活化，经过生产过程才能成为产品形态而进入市场，故江苏文化资源需要在合理保护的前提下，利用市场配置和经营开发的共同作用实现其经济价值，生产出具有江苏地域文化特色的产品和提高高品质的本土化文化服务。校企文化产业产学研合作有利于江苏省历史文化资源的深入挖掘、合理利用和活化，特别是在文化内容生产以及与旅游等产业的融合发展中加以呈现，才能使得文化产业动态能力不断增强。

二、崇文重教传统和丰富教育资源是基础

江苏素来是一个人才辈出的地方。比如，在清代江苏就出了 49 位状元，占全部状元数的 43%；而设在江苏省会南京市的全国最大的科举考场——江南贡院，考生达 2 万多人，并且清代的状元一半以上出自江南贡院。而今天，江苏省仍然是全国教育最发达、人才最集中的省份，并在不断探索推进教育现代化的"江苏之路"。

文化产业动态能力提升的关键要素是具备综合素质的文化产业人才，人才的培养和开发需要根据文化产业链上人才的特点，采取有针对性的培养方式。江苏省高等院校云集，教育程度全国领先，为文化产业动态能力提升提供人力资源和智力支持。2013 年江苏省普通高等院校达 131 所，且拥有南京大学、东南大学等一批国际知名、有特色高水平高等院校，在校生数 168.45 万人，均位居全国第一。其中 985 高等院校 2 所，211 高等院校 11 所。全省高等教育毛入学率达 48.6%，高于全国平均水平 14.1 个百分点。江苏省拥有几乎囊括了所有艺术学科的专业艺术学校，且综合性大学艺术专业学科齐全。高等院校设置的文化产业类相关专业直接为江苏省文化产业输送人才。

深化文化产业产学研合作，是建立现代文化产业体系、推动江苏省文化产业动态能力提升的需要。江苏省文化产业不仅注重"选才、育才、引才、用才、留才"五环紧扣的人才发展战略，而且在文化产业产学研方面多方联动，实现教育资源共享、互惠互利、共赢发展。文化产业组织利用省内科技和教育优势，与文化产业关联专业院校建立产学研平台，紧贴行业前沿，紧密结合文化产业特点和市场需求，加强产学

研合作，创新人才培养机制。校企之间建立文化产业人才培养基地或培训中心，一是将学生的社会实践与文化企业的生产经营紧密相连；二是通过管理政策研究、相关课题研究、产业现状调查和直接进入产业进行管理经营实践，定期举办文化产业人才研修班，实现文化产业的信息整合和智力集成。比如，江苏省南京市浦口区拥有较好的文化产业高等院校资源，针对校企之间信息沟通不畅，较难实现资源转化为生产力的问题，在广泛征求意见，开展专题调研的基础上，浦口区政府完成文化产业网暨产学研合作平台建设，通过线上线下宣传提供平台知名度。现平台已覆盖全区 10 所高等院校，169 家重点文化企业，29 个重点项目。同时高等院校利用其资源优势对"浦口文化元素"进行产业化开发，以及建立多元化高等院校全媒体平台，开展鼎梦大学生创业园、科普防御动漫及游戏等多个文化产业产学研合作项目。总之，文化产业产学研合作有助于走出一条文化产业人才培养的创新之路，能够使得江苏省文化产业动态能力得到更大提升。

第五节　产业融合为江苏省文化产业动态
能力提升提供空间

当今世界范围内经济社会正发生着广泛而深刻的变化，资源环境约束和科技竞争压力日益明显，经济跨越转型升级要求日益迫切。文化产业特别是其中的文化创意和设计服务与其他相关产业的交互融合愈益增进，为提升江苏省文化产业动态能力提供了空间。文化创意和设计服务与其他相关产业融合，一方面通过提升文化创意和设计水平，朝着产业链的高端攀升和延展其产业链；另一方面可以充分发挥文化溢出效应，促进其他产业在内涵、设计、品牌、服务和管理等各要素上的创新和升级。对于文化产业自身来说，通过与其他产业融合升级，完善自身产业链，拓展产业深度，并且在与其他产业融合过程中实现共赢。在此过程中，文化产业动态能力能够得到快速提升与增强，在江苏省文化产业品牌打造、效益提升、服务和管理水平的提高等方面取得成效，实现江苏省文化产业的快速发展。

在传统产业经济理论中，产业是由利益相互联系、具有不同分工、由各个相关行业所组成的业态总称。对于文化产业而言，是提供同类产品和服务的文化类企业集合。如今，随着互联网经济的不断加深，传统产业发展模式发生了深刻变化，新型产业发展形态不断涌现，产业发展从分工走向融合成为一个不争的事实。产业发展也正从有边界走向无边界，文化产业与其他相关产业的边界正不断渗透与融合。

一、构建产业融合平台体系促进融合

江苏省将文化创意和设计服务与相关产业融合发展纳入全面深化文化体制改革的总体部署，搭建融合发展功能平台，提高江苏省文化产业动态能力。比如，举办年度江苏省文化创意设计大赛，苏州文化创意产业博览会，支持江苏省创意类企业参展深圳文博会等，为文化创意和设计服务与其他产业融合创造条件。文化产业集聚化、规模化、专业化加快形成，为江苏省文化产业动态能力注入新活力。一是重视重大项目的示范带动作用，促进文化企业资源整合重组，对有科技创新能力的成长性文化企业、对本省文化产业具有重大示范效应和拉动作用的重大项目提供重点支持，使得重大项目的显示度和影响力不断提升，并有效带动整个区域和行业的发展。二是加快文化产业示范基地和区域特色文化产业群建设，跨地区、跨行业、跨所有制联合重组频繁发生。江苏省文产业园区共有 137 家。其中包含国家级动漫产业园区、国家级数字出版基地、国家广告产业园等 14 家；省级重点文化产业园区 23 家；省级重点文化科技产业园 18 家。三是文化产业与其他产业融合步伐加快，文化要素与其他生产、运营方式更加紧密相连，提高了附加值，产业链不断延伸和拓展，并不断催生新兴文化业态。文化产业与其他产业融合步伐加快，文化要素与其他生产、运营方式更加紧密相连，提高了附加值，产业链不断延伸和拓展，并不断催生新兴文化业态。

二、文化与科技深度融合拓展产业链

信息化、网络化颠覆了传统社会的规则，科学技术的发展始终是文化产业动态能力提升的重要推动力，文化与科技的融合也就成为了时代所赋予的课题。江苏省 2013 年在实施文化科技创新项目、建设文化科技创新园区和培训文化科技骨干企业方面有所突破。比如，集成各类科技计划，实施一批文化科技创新项目，江苏省围绕数字内容、创意设计、动漫引擎、网络媒体等新兴文化业态的前瞻性技术进行研发和关键技术攻关，综合运用各类科技文化计划手段，组织实施了 90 多项文化科技项目，江苏省投入科技经费 1.57 亿元，带动社会投入 13.2 亿元。在省科技支撑计划（工业）中设立文化科技创新专题，组织实施"面向广电网络的智能交互电视技术研发及应用示范"等三个重点项目，支持省内主要文化企业开展 IPTV 集成播控、数字出版等关键共性技术研发，着力解决文化企业发展中遇到的实际技术难题。再如，依托各类创新载体，建设一批文化科技创新园区（基地）；集成手段和集聚资源，加大重点骨干文化科技培育力度。其中，南京、无锡和常州成为国家级文化科技融合示范基地。一大批文化类企业被认定为高新技术企业和技术先进型服务企业。支持江苏数字信息产业园发展有限公司建设企业研究院，鼓励文化科技企业开展关键技术研究，向具有自主知识产权和自有品牌的价值链高端攀升。首批认定了80家省重点文化科技企业，其中26%为高新技术企业。

三、文化为内核的产业融合发展

如果将文化视为内核和灵魂，那么其他产业则是文化的载体。在产业融合中，充分利用文化资源、体现文化内涵和附加值，不仅决定着产业融合度以及产业持续发展，而且对于文化产业动态能力作用发挥至关重要。助推文化产业与其他产业的深度融合是文化产业大发展大繁荣的必由之路，也是江苏省文化产业动态能力提升的关键之所在，江苏省在产业融合发展中成效显著。以江苏省苏州市为例，苏州市位于江苏省南部，是中国首批24座国家历史文化名城之一，是吴文化的发祥地。近年来，苏州市按照城市发展规划，加快文化旅游融合发展；充分利用古城保护成果，重点发展古城古镇旅游、民俗旅游、现代都市旅游和工业旅游，以大型旅游节庆活动为载体，建设一批在国内外具有重大影响力的富含文化品位的旅游精品项目。苏州市还通过文化创意使旅游与体育有效融合发展，充分利用苏州底蕴深厚、环境优美等有利因素，大力开发休闲度假游、体育赛事游、运动体验游、体育文化游等项目。此外，为了全面促进文化产业与软件、电子信息产业的融合发展，苏州市积极引进和发展创意设计、动漫、3D影视、网络游戏业、电子商务等产业项目。目前，苏州市已聚集蜗牛游戏、飞越明天动漫、苏州虚拟街网络、苏州金游数码等一批动漫、游戏企业，多款游戏产品在海内外市场得到好评。

第六节　江苏省文化产业动态能力制约因素剖析

一、文化产业发展格局尚需优化

首先，江苏省文化市场体系（包括文化商品市场、文化产业要素市场、文化融资市场等）均有待进一步构建和完善，文化企业需要从转型经济中寻找突破路径。二是江苏省文化产业传统门类比较强，新兴业态相对较弱，特别是缺乏国内一流的有实力、有影响的文化科技企业，而且也没有产生知名的大型网络企业。三是从文化产业的经济类型和行业角度观察，江苏省民营文化企业占绝大多数，处于产业链的低端，且发展较为滞后。四是尚未形成有特色、差异化发展的地域性文化产业发展格局，表现为区域发展不平衡及存在着明显的区域文化产业结构趋同现象。

二、文化产业集聚化规模化专业化效应不够明显

据 2013 年统计数据，在三上文化企业法人单位中，产值亿级企业的数量为 1342 家，占总数的 22.7%；百亿级企业仅有 5 家。从行业集中度视角分析，江苏省三上文化产业法人单位总营业收入达 8390.3 亿元，其中排名前四企业的营业收入合计 1051.9 亿元，占总营业收入的 12.5%；营业收入排名前八的企业营业收入合计 1445.7 亿元，占总营业收入的 17.2%，由此可见，江苏省文化产业以中小型企业为主，"小""散""弱"现象较为普遍，产业集中度不高，产业集聚化、规模化、专业化效应不够明显。

三、文化产业扭亏增盈任务仍有挑战

根据三上文化企业法人单位数据显示，亏损企业共有 786 家，平均亏损 497.4 万元；实现盈利的企业数量为 5140 家，平均盈利 1390.2 万元，虽整体呈现为盈利状况，但亏损情况不容忽视（见表 7.1）。

表 7.1 **2013 年江苏省三上文化企业法人单位总体盈亏情况**

盈亏情况	企业数量 （家）	占比	利润总额 （亿元）
亏损	786	13.3%	−39.10
盈利	5140	86.7%	714.55

数据来源：江苏省统计局 2013 年经济普查数据。

2013 年，从三上文化企业法人单位的利润实现情况来看，如图 7.4 所示，文化服务业实现利润总额 193.4 亿元，上缴税金总额 68.9 亿元，占上缴税金总量的 20.7%；文化产（用）品制造业企业实现利润总额 436.0 亿元，上缴税金总额 235.0 亿元，占上缴税金总量的 70.5%；文化产（用）品批零业实现利润总额 46.0 亿元，上缴税金 29.3 亿元，占上缴税金总额的 8.8%；而实现利润总额排名前三的行业分别为文化产品的生产、文化创意和设计服务、工艺美术品的生产；亏损面较大的行业主要分布于广播电视电影服务、文化信息传输服务、文化休闲娱乐服务等。

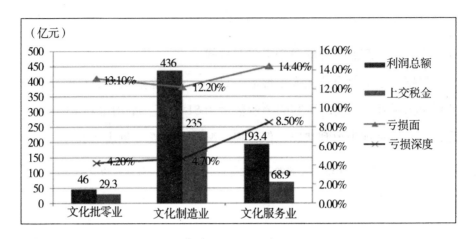

图 7.4　2013 年江苏省三上文化企业法人单位三大行业盈亏情况

数据来源：江苏省统计局 2013 年经济普查数据

再从 2013 年三上文化企业法人单位的利润情况看，文化产业利润总额前五的地区有南京、苏州、常州、无锡、南通，而亏损面较大的五个地级市则分别为苏州、无锡、南京、泰州、常州，亏损深度排名前五的地区为苏州、南通、泰州、连云港、无锡。可以看出，亏损面和亏损深度较靠前的地区多为文化产业发展较快的地区，究其原因，既有这些地区的不少文化企业处于投入期，且投资额较大，而利润回报周期较长，还未能实现实质性的回报所致；也有文化产品原创力不强，缺乏知名品牌，文化企业体制机制创新不快，缺乏有效地开拓市场的手段和方法等因素影响。此外，财税政策是促进文化产业发展的关键，即需要从资金、人才及政策等层面给予扶持，通过财税政策来调节。

四、文化产业"走出去"存在障碍，整体实力尚需加强

随着我国对外开放的不断扩大，中外文化交流活动日益频繁，我国文化产业"走出去"进而实现中国文化"走出去"成为服务国家文化战略的需要。对于江苏省而言，文化产业"走出去"也是服务江苏省对外开放和文化强省的需要。然而从目前的江苏省文化产业实践来看，文化产业"走出去"存在障碍，主要原因：一是文化产业"走出去"涉及宣传、外事、商务和海关等 18 个部门，文化走出去整体还缺少统筹协调机制，依然存在主体多、资源分散、力量不集中等问题，不利于江苏省文化产业走出去形成整体合力；二是江苏省文化企业多为粗放型经营，科技创新能力不足，特别缺少一些具有特色的、国际竞争力强的、有能力进行跨国生产和经营的大型文化企业；三是在政策上涉及文化商贸领域的制度性壁垒较多、对外文化贸易体系尚未建立健全，而能够从事文化产业"走出去"的相关人才又明显不足；四是国外市场和受众如何认可和接受中国文化产品是关键性的问题，学习、运用国际经验与惯例和对于国外受众的调研明显不够等。

五、在文化资源挖掘、产学研合作和产业融合方面亟需提升

在江苏省文化产业动态能力的行业显示度上，文化产品的生产和服务始终占据文化产业增加值比重的大头，而新闻出版广电等占文化产业增加值的比重总体水平仍然较低。而与知识密集型、人才密集型、技术创新型等产业价值链高端环节密切相关的、具有高附加值的行业发展还很不成熟，另外由于行业边界越来越模糊，文化产业内部行业壁垒逐步被打破，文化要素与其他生产、运营方式更加紧密地交融，在其产业融合发展上还需释放活力。此外，江苏省尚缺乏在中国乃至世界文化中彰显出与其传统文化、知识集聚、经济力量相匹配的文化力量与文化产业。高等学校与文化产业的资源共享、优势互补没有很好地发挥，产学研合作结合不够紧密，制约着江苏省文化产业动态能力的发挥。

本章小结

　　本章认为江苏省作为文化大省和经济强省，发展文化产业有着得天独厚的条件和优势，更加需要提升文化产业动态能力，进一步扩大文化产业发展空间和发展潜力。从江苏省文化产业动态能力影响因素分析入手，逐一剖析文化产业相关政策、经济环境、人口因素、产学研合作以及与其他相关产业融合等方面对江苏省文化产业动态能力的影响。

第八章

江苏省文化产业动态能力实证

第一节　研究方法与数据采集

一、研究方法

基于本书的研究目的，需要对于江苏省文化产业动态能力给出客观的量化评价结果，本书利用 2013 年经济普查数据，采用因子分析法对江苏省文化产业动态能力进行分析。假设指标样本数据有 m 个指标，模型的原理在第五章第四部分已经进行了详细的说明。分析的具体步骤是：采用标准化无量纲处理原始数据，运用 SPSS 软件建立相关数据矩阵，在此基础之上建立因子载荷矩阵、借助合适方法进行因子旋转；最后根据方差累计贡献度为权重，计算因子得分，得到江苏省分地区文化产业动态能力水平得分。

二、数据采集

由于有关文化产业的统计系统尚不完善，且各年统计口径还存在差异。因此，本书主要针对 2013 年江苏省统计局第三次经济普查中的文化产业数据进行收集计算加工，借助 SPSS 11.5 软件进行实证研究。部分数据来源于江苏省文化厅、法律图书馆、江苏省新闻出版局、江苏省广电总局（见附录二）。

三、数据预处理

本书采用直线型无量纲化方法对原始数据进行预处理，消除不同量纲对结果分析的影响，即：

$$X'_{i,j} = \frac{x_{(i,j)} - X_{\min(j)}}{X_{\max(j)} - X_{\min(j)}} * 100$$

其中，$X_{i,j}$ 为第 i 个地级市的第 j 个指标值；$X'_{(i,j)}$ 为第 i 个地级市的第 j 个指标标准化结果；$X_{\min(j)}$、$X_{\max(j)}$ 分别为第 j 个指标的所有样本最小值和最大值。

变换后的数据实现了无量纲化，变量值在 0 ~ 100 之间变动，变量绝对值变动，而变量间的相关程度不变。

第二节　实证比较过程

一、主成分分析

将预处理后的数据输入 SPSS 11.5 进行处理，观察相关系数矩阵，指标间相关程度较好，因子分析基础性要求得到满足。检验发现 KMO 值达到 0.880，根据 Kaiser 给出的 KMO 度量标准，可见选取的指标间共性较多；Bartlett 球形检验 P 值为 0.000，小于给定显著性水平 0.05，拒绝 Bartlett 球度检验的原假设，近似卡方值为 3923.903，通过显著性检验，因此认为数据适合做因子分析。

表 8.1 KMO 和 BARTLETT 的检验

KMO 值		0.880
巴特利特球形检验	近似卡方	3923.903
	Sig.	0.000

利用因子分析法，按特征值大于 1 的标准，抽取得到 5 个全局主因子的特征值、贡献率和累计贡献率，见表 8.2。

表 8.2 主成分分析特征值和方差贡献率

主成分	特征值	贡献率（%）	累积贡献率（%）
F_1	21.18	64.187	64.187
F_2	3.88	11.766	75.953
F_3	2.72	8.242	84.195
F_4	1.72	5.204	89.399
F_5	1.14	3.445	92.844

从表 8.2 可以看出，F_1 方差贡献率为 64.187%，包含的数据信息最多，最能反映变量水平的变动，进而说明 F_1 中自变量是影响文化产业动态能力的关键；F_2 方差贡献率为 11.766%，包含的数据信息也很多，反映变量水平的变动能力仅次 F_1，进而说明 F_2 中自变量也较大地影响文化产业动态能力的强弱；特征值大于 1 的因子有 5 个，累计方差贡献率达到 92.844%，超过 85%，能够解释和描述 13 个地级市的文化产业动态能力状况。其中前三个公因子的累计方差贡献率超过 80%，是最重要的三个公因子，反映了超过八成的变量信息，对于文化产业动态能力的评价结果影响更显著。

　　由于未进行因子旋转时，主要公因子变量结构较为模糊，解释存在一定的难度，因此进行因子旋转十分必要，采用方差最大化旋转后，因子能够更好地反映变量所包含的信息，也更方便解释。具体而言：

$$PC1 = 0.667 * F7 + 0.855 * F8 + 0.935 * F9 + 0.975 * F11 +$$
$$0.944 * F12 + 0.813 * F13 + 0.943 * F14 + 0.837 * F20 +$$
$$0.881 * F21 + 0.909 * F22 + 0.886 * F23 + 0.771 * F24 +$$
$$0.547 * F25 + 0.706 * F26 + 0.820 * F28 + 0.856 * F31 +$$
$$0.915 * F32 + 0.848 * F37$$

　　PC1 主成分主要反映了政府行为、产业关联、产业资源、产业规模效应等对文化产业动态能力的影响，将概括为发展条件和潜力因子。

$$PC2 = 0.761 * F1 + 0.722 * F2 + 0.881 * F5 - 0.873 * F10 + 0.855 * F15$$

　　PC2 主成分主要反映了学习潜力、需求强度、文化环境对文化产业实力的影响，将总结为需求因子。

$$PC3 = 0.868 * F27 + 0.773 * F33 + 0.861 * F34 + 0.860 * F38$$

　　PC3 主成分主要代表产业效率、研创能力，将归纳为创新因子。

$$PC4 = 0.686 * F4 + 0.776 * F35$$

　　PC4 主成分主要代表消费情况和对经济发展的推动，将表示为动力因子。

$$PC5 = 0.909 * F36$$

　　PC5 主成分主要反映盈利影响因素。

　　以各公因子的方差贡献率占总方差贡献率的比重为权重，得到文化产业动态能力综合得分计算公式：

$$S = \frac{0.4187 * PC1 + 0.11766 * PC2 + 0.08242 * PC3 + 0.05204 * PC4 + 0.03445 * PC5}{0.92844}$$

其中，PC1、PC2、PC3、PC4 和 PC5 分别代表了提升文化产业动态能力所蕴含的潜力因子、需求因子、创新因子、动力因子、盈利影响发展因素的分项得分，F 值代表各地级市文化产业动态能力综合得分，F 值越高，该地级市文化产业动态能力水平越高。

$F_1 =$ 文化产业归属部门和组织数量 $* 0.667 +$ 政府公共财政预算支出中文体娱支出 $* 0.855 +$ 第三产业生产总值 $* 0.935 +$ 移动电话用户 $* 0.975 +$ 互联网宽带接入用户 $* 0.944 +$ 国内旅游收入 $* 0.813 +$ 旅游外汇收入 $* 0.943 +$ 文化产业所有者权益本期 $* 0.837 +$ 文化产业固定资产本期 $* 0.881 +$ 文化产业从业人员期末人数 $* 0.909 +$ 文体娱金融机构本外币贷款年末余额 $* 0.886 +$ 全国及省重点文物保护单位数 $* 0.771 +$ 公共图书馆、博物馆、艺术表演团体、文化馆、文化站机构数 $* 0.547 +$ 博物馆文物馆文物机构藏品数 $* 0.706 +$ 报刊期发数 $* 0.820 +$ 文化产业增加值 $* 0.856 +$ 文化产业总产值 $* 0.915 +$ 专利申请受理量 $* 0.848$，主要反映了政府行为、产业关联、产业资源、产业规模效应等对文化产业动态能力的影响，将概括为提升文化产业动态能力的条件；

$F_2 =$ 人均 GDP $* 0.761 +$ 人均可支配收入 $* 0.722 +$ 每百人平均订阅报刊量 $* 0.881 - 0.873 *$ 公共教育经费占地级市 GDP 的比重 $+$ 年均接待外地游客人数比 $* 0.855$，主要反映了学习和需求强度、文化环境对文化产业实力的影响，将总结为提升文化产业动态能力的市场需求和市场环境；

$F_3 =$ 图书报纸期刊出版单位数 $* 0.868 +$ 文化产业固定资产产出率 $* 0.773 +$ 地级市文化产业全员劳动生产率 $* 0.861 +$ 高等院校在校学生数 $* 0.860$，主要反映了文化产业效率和研创能力，将归纳为提升文化产业动态能力的创新发展潜力；

$F_4 =$ 人均文化消费占总消费比重 $* 0.686 +$ 文化产业经济贡献 $*$

0.776，代表消费情况和对经济发展的推动，将表示为提升文化产业动态能力的动力源泉；

　　F_5 = 文化产业主营业务利润率 * 0.909，反映为提升文化产业动态能力所追求的盈利水平和效率。

　　以各公因子的方差贡献率占总方差贡献率的比重为权重，得到文化产业动态能力综合得分计算公式：

$$F = \frac{0.64187F_1 + 0.11766F_2 + 0.08242F_3 + 0.05204F_4 + 0.0344F_5}{0.928FF}$$

　　F_1、F_2、F_3、F_4、F_5 分别代表了提升文化产业动态能力的条件、市场需求和市场环境、创新发展潜力、动力源泉、盈利水平和效率的分项得分，F 值代表各地级市文化产业动态能力综合得分，F 值越高，该市文化产业动态能力水平越高。因此，经过计算得到 2013 年江苏省 13 个地级市文化产业动态能力综合得分及排名情况，见表 8.3。

表 8.3　2013 年江苏省 13 个地级市文化产业动态能力综合排名情况

地级市	得分	排名
苏州	1469.72	1
南京	1303.568	2
无锡	860.908	3
常州	690.8476	4
南通	469.3518	5
镇江	379.0574	6

地级市	得分	排名
扬州	312.3553	7
徐州	297.9787	8
泰州	245.2205	9
盐城	201.4561	10
淮安	186.8881	11
连云港	94.53051	12
宿迁	91.00765	13

二、评价结果比较分析

对 2013 年江苏省各地级市文化产业动态能力排名计算过程及结果，以及各地级市文化产业实际发展状况，进行如下分析。

1. 从空间布局上看，文化产业动态能力和人均 GDP 排名具有区域分布一致性（见表 8.4）

2013 年苏南地区人均 GDP 较高，文化产业动态能力也较强，苏中地区次之，苏北地区文化产业动态能力和人均 GDP 均处于较弱地位。通常而言，地区的经济基础越好，文化市场的消费更高，文化产业的投资更多，文化产业总体竞争力发展水平也更高，文化产业发展竞争力水平与地区经济发展水平具有先天一致性联系。因此，在 GDP 具有明显地域差别的同时，文化产业动态能力会呈现出相似的差别特征。

表8.4 2013年江苏省文化产业动态能力和人均GDP排名情况

所属区域	地级市	文化产业动态能力排名	人均GDP排名
苏南	南京	2	3
	苏州	1	2
	无锡	3	1
	常州	4	4
	镇江	6	5
苏中	扬州	7	6
	南通	5	7
	泰州	9	8
苏北	徐州	8	9
	盐城	10	10
	淮安	11	11
	连云港	12	12
	宿迁	13	13

2. 从排名分布上看，综合排名基本与公因子1和公因子2的排名一致

这是由于公因子1、2占综合得分的比重最大，也就是说文化产业动态能力主要取决于各地级市的发展条件和市场环境，而发展潜力、发展动力和盈利能力对其影响较小，这从连云港的排名情况也可以窥见一斑，2013年连云港的发展潜力、发展动力和盈利能力排名均处中下游，然而最终排名却因发展条件和市场环境排名更加靠后，导致最终成绩最末。从表8.5还可看出，苏南地区各地级市各项排名起伏不大，均处领先位置，而苏中和苏北各单项排名则起伏较大，这充分说明苏南地区文化产业的整体发展较好，而苏中和苏北地区的文化产业发展存在各个方面跳跃发展的特征，具体表现为发展潜力、发展动力和盈利能力这三方面的发展相较于总体发展水平有快有慢。因此，虽然苏中、苏北文化产

业动态能力总体难以与苏南匹敌，但发展潜力较大。

表 8.5　2013 年江苏省文化产业动态能力因子排名情况

地级市	公因子 1 排名	公因子 2 排名	公因子 3 排名	公因子 4 排名	公因子 5 排名
苏州	1	1	2（−1）	2（−1）	2（−1）
南京	2	2	1（+1）	1（+1）	1（+1）
无锡	3	3	3	4（−1）	5（−2）
常州	4	4	4	3（+1）	4
南通	5	5	6（−1）	6（−1）	6（−1）
镇江	6	6	8（−2）	5（+1）	8（−2）
扬州	7	8（−1）	9（−2）	11（−4）	12（−5）
徐州	8	7（+1）	7（+1）	7（+1）	3（+5）
淮安	9	10（−1）	5（+4）	13（−4）	10（−1）
泰州	10	9（+1）	13（−3）	8（+2）	7（+3）
盐城	11	11	12（−1）	12（−1）	11
宿迁	12	12	11（+1）	10（+2）	13（−1）
连云港	13	13	10（+3）	9（+4）	9（+4）

注：括号内数字为综合排名的变化数，"＋"表示相对综合排名上升，"—"号表示相对综合排名下降。

根据各地级市文化产业动态能力指标值，应用 Q 型层次聚类方法，将江苏省 13 个地级市分为三类，如表 8.6 所示。

表 8.6　江苏省 13 个地级市文化产业动态能力分类

类别	地区
强动态能力	苏州、南京
较强动态能力	无锡、常州、南通、镇江、扬州、徐州
弱动态能力	泰州、盐城、淮安、连云港、宿迁

第一类为强动态能力类，苏州、南京文化产业动态能力综合得分居江苏省前列，地区潜力因子、需求因子和创新因子得分上都比较高。苏州的文化产业产值和增速在江苏省均名列前茅，人均 GDP 的领先，也客观上促进了苏州市文化产业动态能力遥遥领先，位居全省第一；南京文化事业投入占地方财政支出比重较高，文化科研发展迅速；苏州和南京两市对于全省来讲，更加重视文化产业的发展，文化产业支持政策较多，促进了文化产业的发展，文化产业综合实力和成长能力较强。

第二、三类地区文化产业动态能力相较而言更弱，尤其是泰州、盐城、淮安、连云港、宿迁，多位于江苏省经济较为欠发达的苏北地区，文化产业动态能力综合得分较低，处于弱势竞争地位。但这些地区文化产业动态能力发展空间大，发展能力不断提升，文化产业发展潜力巨大，具有很大的提升空间。

三、实证结果及推论

1. 文化产业动态能力与产业地位的相关性

江苏省文化产业动态能力尚不能从江苏省文化产业所处的产业地位中得到体现。2013 年江苏省文化产业实现增加值 2700.8 亿元，对 GDP 的贡献度为 4.6%。具体分析如下，就全国而言，江苏省文化产业增加值较高，且位于全国前列；与其他省市对比来看，江苏省文化产业发展相较于大部分省市优势明显。但是江苏省文化产业增加值占 GDP 的比重仍然未达到 5%。推动江苏省文化产业成为国民经济支柱性产业，其中标志性的一个指标就是要实现江苏省文化产业增加值在 GDP 中的比重大于 5%。因而，江苏省文化产业动态能力亟待提升和加强，才能实现文化产业成为国民经济支柱性产业的战略目标。

2. 文化产业动态能力对地方经济实力支撑关联度

从上文对动态能力的分析看出，经济发展水平会在一定程度上影响文化产业动态能力。江苏省当前经济发展地区间差异很大，苏南地区和苏北地区的发展水平存在一定的落差。从表8.3和8.4可以看出，文化产业动态能力综合排名和人均 GDP 总量排名有较强的一致性，因此，从一定意义上来说，经济发展水平对文化产业动态能力带来影响，文化产业动态能力又对地方经济实力起着支撑作用。

3. 文化产业的市场化程度对于文化产业动态能力的作用

在市场经济环境下，市场化程度对文化产业的发展起到举足轻重的作用。文化产业市场主体越多，市场化程度就越高，文化产业动态能力就越强。江苏省内13个地级市中文化产业动态能力比较位于前列的地区，其市场化程度较其他地区明显更高。从江苏省文化产业动态能力的排名情况来看，江苏省文化产业市场还不够成熟，文化需求还不够旺盛，经济效益还不尽如人意，但是从中我们可以看到江苏省文化产业的发展前景十分广阔，亟需提高江苏省文化产业市场化程度，提升文化产业动态能力。

4. 财政投入对于文化产业动态能力的影响

文化产业领域的财政政策影响着江苏省文化产业动态能力的提升，文化产业增加值、发展规模的不断提升，离不开地方财政的大力支持。而文化产业的发展也直接和间接地促进江苏省经济的发展，为地方经济发展贡献财力。在财政投入方面，江苏省主要对于那些在文化产业中具有公共产品属性的需求提供支持；为能够较好地创造社会效益并具有引领作用的文化企业提供资金和政策优惠等，从而从根本上推动江苏省文化产业的发展和提升江苏省文化产业动态能力。

5. 文化产业动态能力提升，关键在于人才

文化产业的产业特性，决定了人才在其发展过程中的核心地位。文化产业动态能力的提升，离不开高素质复合型文化人才的大量聚集。本书中经过因子分析，使用"专利申请受理量"和"高等院校在校学生数"两个指标对人才储备有一个明确的度量。这两个指标得分越高，说明人才储备越多，越会对文化产业动态能力形成正向的促进作用。结合近年来江苏省文化产业人才供需状况可以看出，一方面文化产业作为吸纳就业人数较多的产业，比如旅游文化业、文化创意设计与服务等领域，对人才的迫切程度可谓求贤若渴，另一方面是高等学校不仅在文化产业人才培养的总量上偏少，而且在层次和结构上也无法满足现实需要，加之文化产业相关专业毕业的学生得不到业内的认可，出现了就业难的局面。之所以如此，主要是因为快速发展的文化产业的人才总量不足，现代化的文化产业的人才要求与高等学校培养的传统文化学科的人才的不适应，并且高水平文化产业从业人员以及高层次的文化产业管理人才严重匮乏。

第三节　江苏省文化产业动态能力提升战略

一、江苏省文化产业动态能力整体提升战略

1. 加快战略转型，促进融合创新发展

江苏省提升文化产业动态能力，促进文化产业发展应当以提高经济增长的质量和效益为中心、深化改革创新为根本动力、产业优化升级作为主攻方向，强化资源整合作为主要途径，繁荣文化市场作为重要支

撑，文化创意和设计服务与相关产业多向交互融合发展为新趋向，并进一步加快构建结构合理、科技含量高、综合实力和竞争力强的现代文化产业体系，从而更加有力地促进江苏省经济社会发展和文化强省建设，提升文化产业在江苏省经济发展过程中的产业地位。江苏省内文化产业各地区发展差异明显，因而需要根据区域资源禀赋及发展进程的不同科学布局，打造特色文化产业链和文化品牌，形成苏南、苏中、苏北区域间的错位竞争和优势互补。如苏南地区加快发展创意设计、数字化网络文化行业，促成高科技文化产业的集聚发展，苏中、苏北地区重点发展工艺美术、演艺会展、人文旅游等文化产业。在此过程中针对江苏省各地级市的文化产业发展优势进行有效整合和分工协作，避免同质化、协同效应弱化的现象，最大限度地赋予其社会价值和商业价值，提高文化产品竞争力，提升江苏省文化产品与服务在国内外市场上的影响力。

2. 整合资源，推进集聚发展和形成文化资本

集聚发展是经济领域中的一条促进与加快产业发展的成功经验，集聚是通过联合创建从而达到资源共享，使得整个产业中微观主体节约成本，提高整个产业的效益，对于文化产业动态能力提升和文化产业发展也不例外。改革开放以来，纵观我国的产业集聚发展，主要是建设开发区模式为典型，还有一种是以大型企业集团为主导，集聚一批产业运作要素所形成的规模效应形式。江苏省的开发区建设卓有成效，比如，单位面积开发区创造的生产总值、工业增加值，带来的财政收入、进出口规模，都显著高于非开发区，效率效益十分突出。因此，提升江苏省文化产业动态能力和文化产业发展应借鉴其成功经验，江苏省文化产业需要建立和运营好文化产业基地和文化产业园，并从经济影响力、文化影响力以及文化产业与相关产业融合发展趋势的角度考量，将跨地区、跨行业、跨所有制文化企业集团的打造作为发展重要目标，并引导文化产

业向集聚化、规模化、专业化方向发展。一是整合现有文化产业园区或文化产业集聚区，重点挖掘园区或集聚区的产业规模效应；二是注重文化产业园区在技术研发、人才培养过程中的重要作用，文化创意园区的建设要因地制宜，因势利导，避免单一化和同质化，促进文化产业快速健康发展；三是重点培育或引进骨干文化企业，使各个文化产业园区或集聚区的企业能够互相利用所产生的正的外部效应，形成产业链效应。此外，江苏省需要深入挖掘和利用文化资源，将文化资源转变为文化资本。江苏省是人文荟萃之地，江苏省地方戏曲、曲艺历史悠久，剧种品种繁多，当下需要在保存、借鉴、重构中寻求发展与繁荣。江苏省是名士迭出之乡，文学资本深厚悠久，应该加以利用，打造出相应的文化品牌，同时也为江苏省民族文化的延续和传承做出历史性贡献。江苏省是工艺大省，传统工艺和民间文化精彩纷呈。拯救保护民间文化，采用商业化手段的保护挖掘是当务之急。此外，江苏省拥有国家历史名城10个，总数居全国第一。江苏省需在充分保护现有文化遗产基础上，大力挖掘特色文化遗产，针对江苏省文化产业资源特点，打造独特的吴文化、楚汉文化、维扬文化和金陵文化品牌，进而实现特色文化与动漫游戏、创意设计等新兴文化，以及电影电视、文化旅游等传统文化产业互促共进融合发展。

3. 发挥政府引导支持作用，实现文化产业走出去

任何产业的发展，都需要政府全方位的支持和引导，文化产业动态能力与政府支持的关系在公因子1中同样有所反应。大力推进文化产业发展，政府一方面需不断制定完善文化产业相关法规和管理办法，建立完善的知识产权保护体系，鼓励文化产业协会等行业组织的建立发展，加强文化市场管理，使文化产业发展具备一个公平良好受保护的政策法律环境；另一方面产业的发展需要资金的支持，实证表明文体娱金融机

构本外币贷款对文化产业动态能力具有显著影响。2013 年江苏省级文化产业引导资金为 2.6 亿元，紫金文化发展基金已投资 12.33 亿元，投资项目 39 个。未来，江苏省文化产业发展的方向，必然是：投资渠道的不断拓展；市场准入限制的去除；非公有资本，尤其是个人资本在各个行业的投入；现代金融机制的搭建，辅之以地方财政支持；主要依靠企业自有资金，辅以银行、证券等多渠道资金来源，实行投资主体多元化；发挥政府财政资金引导作用，引导民间资本、外资等投资文化产业项目；出台更多的文化产业财政税收优惠政策，在政策层面上支持和鼓励更多的文化企业做大做强；大力推进符合条件的大型文化企业进入资本市场主板进行融资，中小型企业探索股权融资、创业板上市融资方式，推动形成江苏省文化的产业名片，吸引投资者进入江苏省文化产业。

江苏省文化产业动态能力作用如何在一定程度上彰显于对外文化交流和文化贸易上，江苏省文化产业"走出去"需要有全球的视野，在文化产业的整体布局上未雨绸缪，将世界市场作为江苏省文化产品策划的基本出发点和立足点，积极发展外向型文化企业。在具体举措上，鼓励文化企业进行对外贸易，积极参与国际竞争，与国外文化企业一较高下；发展江苏省特色文化产业，形成江苏省特色文化产业名片，提升传统工艺美术等文化产品在海外的知名度和美誉度；以产品输出带动企业"走出去"，提升江苏省文化产业影响力，增强我国的国际影响力与核心竞争力。此外，江苏省文化产业"走出去"应当扶持那些具有较强创新能力、拥有自主知识产权的大型文化企业；具有国际竞争优势的品牌文化企业和品牌文化产品；具有江苏省特色的影视、动漫、演艺表演等文化产品和服务。因为他们的做强做大是对江苏省文化贸易的有力呼应和宣传，可提升对外文化交流层次。

4. 文化产业财税政策，着力谋划调整

财税政策是拓展与提高文化产业动态能力，进而推动文化产业发展的重要支柱。本书认为文化产业作为国家支柱性产业，应在国家战略高度制定专门性和长期性的财税扶持政策，并从国家层面顶层设计文化产业财税制度设计思路，针对性地提出构建符合中国国情，具有中国特色文化产业财税政策体系的对策和建议。一是重视财税政策与其他政策的搭配与组合，加强顶层设计，将各种文化产业税收优惠政策形成合力。税收优惠政策设计必须有全局的观念，同时加大文化与其他政策如科技融合的支持。二是完善文化产业发展的财税政策，应兼顾公平与效率，从总体上讲，只有同时兼顾公平和效率的税制才是最好的税制。完善文化产业发展的财税政策就必须从中国的国情以及江苏省的省情出发，实行以效率作为侧重点的财税政策调整，形成效率兼顾公平型的税制。为加快推动江苏省文化产业发展，需要结合江苏省实际，从加快构建文化产业财税体系入手，将各个领域和各个环节的财税政策整合起来，使其相互协调、相互促进，从整体上发挥功效。遵循文化产业总体发展趋势原则、系统和整体效能原则这两大原则，对江苏省文化产业的税收政策进行优化，助推文化产业动态能力的提升。

第一，从即期看提升江苏省文化产业动态能力需要税收优惠空间。把握文化产业的特点，从文化产业融合角度出发，对现行文化产业领域的相关财税政策进行整合，力求构建统一规范的政策激励体系。一是财政扶持要对面不对点，目前我国对于文化产业的财政扶持资金已达30亿—40亿元的规模。利用财税政策推动文化产业的发展，首先应当明确的是财税政策支持文化产业发展的重点所在，其次是强化税收优惠政策的针对性，最后则是激励文化产业人才培养、营造公平税收环境。二是降低税率，对国内现行的文化产业税收政策进行分析后不难看出，对

于文化产品的货物和劳务税应适当降低或部分减免,以鼓励文化产业从业者和文化产品的知识产权转让,并根据文化产业的发展特点,实行税收优惠方式的多样化。因此本书认为需要对现行税收优惠政策进行完善,对文化产品实施低税率。三是营改增问题,根据笔者在江苏省文化产业的调查,"营改增"试点中,60%多的文化产业微观主体是受惠的,但受惠的绝大多数还是文化产业中的制造型企业,而对于做原创的源头性企业税负不但没有下降,反而有所增加,需要亟待完善。四是注重产业园区税收优惠政策,由于缺乏对文化产业园区的税收优惠扶持,导致一些文化产业园区空壳化,最终只能沦为房地产经营,而不是文化产业的产业化经营。鉴于此,提升江苏省文化产业动态能力,需要施行针对文化产业以及相关从业者税收优惠,可在条件成熟时考虑设立文化产业特区,优先发展一部分符合条件的区域。

第二,从中期看财税政策将是提升文化产业动态能力的重要保证。充分运用财税政策,激发社会关爱文化产业,引导社会资源向文化产业领域流动。运用税收优惠进一步拓展文化融资的渠道;健全税基式优惠政策,如完善稿酬的个人所得税制度,对文化企业费用扣除方面的政策进行完善,而税收优惠政策设计必须考虑隐性税收问题。

第三,从长期看站在立法高度上考虑文化产业财税优惠政策对于调动文化产业动态能力的作用。

5. 健全文化市场体系,进一步扩大文化消费

实证显示公因子2文化产业市场环境对文化产业动态能力水平的高低影响较大。研究发现江苏省经济总量巨大,人民生活水平较高,但文化消费规模、水平偏低,市场潜力没有被充分发掘。文化产业的快速发展,离不开完善的文化市场体系,市场发展的程度决定着产业发展的水平,因此,江苏省必须拓展文化消费领域,创新更多的文化消费方式,

以供给带动需求，转变文化营销观念，利用文化产业广告效应，重视文化产品的形式创新，带动大众文化消费观念的改善，释放市场空间，发展以"走出去"为主导的文化产品销售战略，以增量突破带动存量发展，此外注重优先鼓励消费发展型、科技附加型文化产品，拉动消费者消费层次的提升，提升文化产业市场化程度，进而提升文化产业动态能力水平。因此江苏省要抓住居民收入提升这一契机，挖掘消费者消费潜力，从供给侧和消费侧两端发力，根据消费者需要，开发不同层次文化消费市场，生产特色文化产品，积极投资、兴建公共文化消费场所，鼓励推动电影院线和演出院线向县乡延伸、演艺团体到基层演出、新闻出版单位推出适应广大群众特别是农民群众购买能力的图书报刊，网络文化运营商开发更多低收费业务；可以举办各种艺术节，组织演出季活动，还可以采取积极措施降低影院、剧院票价等，有针对性地培育文化消费市场，让高雅艺术和高品质的文化消费内容以较低的价格或群众能够承担的价格走入寻常生活。

6. 重视文化产业人才建设，加强产学研合作

文化产业动态能力一个最重要的方面就是人的创意，创意成果一旦转化为经营资源，融入品牌战略，产品价值将大大提升，实证同样显示专利申请受理量的影响较大。江苏省文化产业效益的实现也取决于人力资本。企业家作为企业发展的带头人，其人力资本和综合素质对文化产业的发展意义非凡，故江苏省文化产业动态能力提升需要重视人才队伍建设和团队建设，特别是一大批优秀文化企业家群体的培养和造就，以及各类高层次团队、既懂文化又懂经营管理的复合型高层次人才的建设。此外，江苏省需要大力加强文化产业产学研合作一体化，推动文化产业人才培养，特别是加强对文化创作、创意、文化经营、文化经纪人等高级人才的引进，使人才引得进、留得住、用得活，为发展文化产业

提供人才保障。比如在户籍、职称、住房、收入分配、家属安置、子女入学等方面为吸引和集聚文化产业人才制定优惠政策，并且建立和完善人才激励制度。因此，必须加大文化产业从业人员的创新意识，注重江苏省文化创意人才的培养引进，促进文化产业产学研合作，比如，在省内高等院校增设文化产业相关专业，吸引文化产业及金融、科技等相关领域的优秀人才为文化产业发展服务，并建立和形成江苏省文化产业"人才库"等。

二、江苏省三大区域文化产业动态能力的提升战略

江苏省地区间文化产业发展存在较大差异，动态能力呈现"两头小、中间大"的橄榄型格局，文化产业动态能力中等的地级市占大部分；整体而言，文化产业动态能力与地区经济发展水平有明显的正相关性。针对不同地级市文化产业发展形态，本书提出提升江苏省地区间文化产业动态能力的针对性建议。

1. 保持苏南地区文化产业整体优势，打造文化产业持续成长能力

苏南地区经济发展水平较高，交通条件优越，人文历史积淀雄厚，技术人才优势明显，高新技术产业集群优势明显，如：南京创意中央科技文化园、苏州阳澄湖数字文化创意产业园区、无锡新区高新技术产业园、常州环球动漫嬉戏谷数字文化体验园等，这些正是苏南文化产业动态能力的集中体现。苏南地区文化产业动态能力与经济发展水平一样，起步早，整体水平较高，但在发展速率上，文化产业处于明显的劣势，持续发展创新能力有限。苏南地区文化产业只有提高其生产效率和利润率，才能促进文化产业持续保证自身的成长性，最终提升其动态能力。未来苏南地区文化产业的发展应在此基础上，重点发展高新技术主导的文化产业，推动文化产业转型，重视示范企业的带动与标杆作用，保持

领先地位，与此同时进行产业多元化发展，带动文化休闲、娱乐、旅游等相关产业发展，发挥其范围经济和乘数效应，提升文化产业整体动态能力。

2. 充分利用苏中地区已有的资源优势，提高文化产业动态能力，促进文化产业优质、快速发展

苏中地区即扬州、泰州、南通的大部分地区，置身于我国的母亲河——长江，以及京杭大运河、黄海水体塑造出的独特文化景观之中。自古以来，苏中地区就以其深厚的文化底蕴，丰富的文化资源而享誉世界，尤其是淮扬文化源远流长。因此，苏中地区应该合理充分利用自身的资源禀赋，发挥创意优势，融入创新元素，提升文化产业附加值，并将资源与创意优势直接转化为具有高成长性的文化资本。此外还要因地制宜，打造地方特色文化品牌，彰显地区文化产品与服务影响力，提升文化产业动态能力。如：随着京杭大运河申遗成功，扬州地区应抓住大运河申遗成功的机遇，建设大运河沿岸的"淮扬文化"产业带，并带动旅游业、淮扬美食业和洗浴业等相关休闲产业的发展。苏中地区的特色文化打造将更加有助于文化产业动态能力的提升，为本地区文化产业的大繁荣、大发展注入新的动力。

3. 大力促进苏北地区文化产业快速转型，加速地区经济持续发展

在我国经济新常态和建设资源节约型、环境友好型社会的大背景下，苏北经济发展水平的提升是江苏省发展的重要侧重点。苏北地区经济发展起步晚、水平低，经济发展缺乏有效的推动力。而通过实证分析可以得出，苏北地区文化产业动态能力以及对地方经济的贡献相较于苏中、苏南地区而言还较低。苏北地区未来文化产业动态能力的加强，首先应该确立文化产业在地区经济发展中的地位，需在理念和认识上重视发展文化产业；其次需要借鉴苏南、苏中地区的文化管理制度，逐步健

全完善自身管理体系，建设文化执法机构，发展文化市场，提升文化市场活力，引导文化消费；最后需要着力培育和发展文化产业，苏北自然风光优美，拥有大量的非物质文化遗产和人文景观，如苏北琴书、苏北大鼓等，未来应注重市场化运作，加大宣传，吸引游人，将文化与苏北农业发展相结合，形成文化观光农业，建设农家乐、季节性瓜果蔬菜采摘等，打造具有苏北地区特色的集旅游、农业、休闲、娱乐为一体的发展新模式。

通过实证分析可以得出，苏北地区文化产业动态能力以及对地方经济的贡献相较于苏中、苏南地区而言还较低，有待于提升文化产业动态能力，促进文化产业发展。

第九章

结论与展望

第一节　研究的主要结论

　　伴随着数字技术、网络技术及移动通信技术的高速发展和广泛普及，在大数据、移动互联、社交媒体等新兴技术驱动下，各国都加大了对文化产业，尤其是文化产业新业态的创新与发展。目前我国经济发展步入新常态，正处于从高速发展转向中高速发展的经济增长速度换档期，经历着从片面注重规模速度的粗放型模式朝向注重效率和质量的集约型发展模式过渡。随着经济发展方式的转变，我国文化产业结构也将发生重大调整，文化产业在经济发展格局中的地位和战略价值日趋重要。因此，提升和加强我国文化产业动态能力，充分发挥其在产业发展和经济增长中的重要作用显得尤为迫切和亟需。当下，我国文化产业需要从供给侧和需求侧两端发力促进文化产业发展，推进我国文化产业结构调整，引领文化产业创新驱动，并且着力推进文化产业与相关产业融合等，从而不断满足消费者日益增长的文化消费需求，实现推动文化产业成为国民经济支柱性产业的目标。本书以动态能力理论为基础，阐述文化产业动态能力影响要素，明晰文化产业动态能力表征，构建基于动态能力的文化产业评价指标体系，运用因子分析法，对文化产业动态能力进行综合评价，将定性与定量方法有机统一，并以江苏省文化产业动态能力为实证，将理论与实证相结合，为提升我国文化产业动态能力，促进我国文化产业持续、快速和健康发展，提供一条新的研究思路，在此基础上得出以下主要结论。

1. 结论之一：提出了文化产业动态能力内涵

从起源上来看，动态能力理论是欧美企业管理领域中新兴的一种理论，重点关注战略管理能力与竞争优势培育之间的相互关联，并且着重探讨竞争优势培育过程中的动态能力作用。总体来说，动态能力理论更加关注在瞬息万变的商业环境中竞争优势的保持和核心资源的培育。本书正是基于这一研究脉络，对文化产业动态能力的概念和生成机理进行阐释，进而明确了动态能力理论运用于文化产业的可行性与必要性。本书认为文化产业动态能力是文化产业对其整体竞争能力进行整合、构建或者重置，以适应快速变化的外部环境的能力，它反映了文化产业在既定路径和市场约束条件下获取新竞争优势的一种综合能力。文化产业动态能力是实现文化产业跨越发展，提升中华文化自身的感染力、表现力和传播力，重塑文化竞争力的重要力量。

2. 结论之二：阐释了文化产业动态能力影响因素

文化产业内生因素和外部因素与文化产业动态能力密切相关。本书依据文化产业有别于其他产业的属性和特征，将文化产业动态能力主要影响因素归纳为文化产业相关政策的驱动性、经济环境的兼容性、人口因素的拉动性、产学研合作的协同性以及产业融合的交融性等五个方面，并评价这些因素对提升文化产业动态能力相关战略目标和战略制定的影响。第一，我国文化产业动态能力中的最大动力来源之一是政府的直接推动，因而文化产业动态能力提升需要不断创新投资新机制和发挥税收政策的支持效应，利用好自身的比较优势，在国家不断健全的文化产业法律法规的支撑下，把握当前文化产业发展潜力和市场空间，利用好发展文化产业的红利期。第二，经济是影响文化产业动态能力提升的最基本因素之一。文化产业动态能力的提升需要有坚实的经济基础作为支撑，从而围绕文化产业构成一个强劲的产业创新与发展支撑体系，以促进文化产业取得竞争优势，经济环境对于文化产业动态能力往往起着决定性作用。第三，文化产业动态能力的强弱受到人口因素的影响，人口因素则决定了文化产业劳动力供给和劳动力水平。就人口因素角度而言，人口的社会流动性、消费水平和生活方式等又对文化产业动态能力存在重要影响。此外，人口不仅为文化产业提供劳动力，而且也在为文化产业提供直接的消费者，二者密切相关，是相辅相成、互促共进的关系。第四，人才是文化产业创新的核心和源泉，是文化产业动态能力提升的关键因素之一，文化产业产学研合作能够有效解决高等院校人才培养与文化产业需求脱节的问题，是培养文化产业人才、增强学生适应社会竞争力的教育形式之一。因此文化产业动态能力提升需要借助于产学研合作机制的有效运作、进行产学研合作机制创新和建立有效的合作模式。第五，文化产业规模化、集约化、专业化水平不断提高，助推着文化产业与关联产业采取多业联动和融合式发展，进而实现文化产业动态能力的更大提高。此外，提升文化创意和设计服务水平，不仅可以使得文化产业动态能力得到快速提升，还可以充分发挥文化溢出效应，完善产业链，增加产业附加值，拓展发展深度，促进其他产业在内涵、设计、品牌、服务和管理等各要素上的创新和升级，形成共赢。

3. 结论之三：从四个关键维度提出文化产业动态能力表征

本书认为，提升文化产业动态能力，关注其"关键维度"是重点，即从文化产业自身特性出发，根据其所处的动态变化形势需要，按照动态能力理论，将文化产业的动态能力表征主要聚焦于学习吸收能力、战略转型能力、资源整合能力和变革创新能力四个关键维度。第一，学习吸收能力是文化产业获取、评估并利用内外部知识的能力，学习吸收能力有利于文化产业将同行业的，以及其他领域的知识引入本产业内部，使得产业能够得到更加快速的提高与发展。第二，文化产业战略转型是由于文化产业所处的环境、战略因素和战略内容等均发生变化做出的文化产业发展战略的调整或转变，而文化产业战略转型能力则是根据自身发展需求和外界环境变化，由一种发展模式演变成另一种发展模式的转换能力。第三，资源整合能力是指文化产业对不同类型资源进行识别、选择、汲取、配置、激活、融合，在此基础上创造出新的资源的能力。文化产业在资源整合过程中，需要对自身和外界的资源的可得性、有效性等进行客观的分析，确定正确的整合方向和整合目标，顺应社会经济发展需要，创新文化产品和服务供给方式，释放文化产业动力，提高文化产业动态能力。第四，变革创新能力是文化产业依靠创新意识、创新思维和科技创新，将产业要素资源（包括人、财、物、品牌等），进行相应的调整和改变，优化产业资源，促使产业有效提升自身核心竞争力和核心能力，并最终凝练出自身的竞争优势。变革创新能力是文化产业内生动力的源泉，也是提升文化产业产业动态能力的标志。文化产业通过提供弹性"动态能力"，调整自身的知识流程，整合和配置现有资源，磨合并匹配不断变化的内外部环境，保持产业持续的创新能力，从而取得竞争优势，提高文化产业价值。而文化产业价值的提高又会为产业动态能力的搭建与提升奠定基础，推动产业动态能力提升。

4. 结论之四：构建了文化产业动态能力评价体系

文化产业动态能力的评估需要合理的评价体系。动态能力表现为竞争力与能力的集合，在动态环境下发展文化产业归根结底是提高文化产业动态能力。文化产业评价体系与评价模型则是分析文化产业动态能力的基础，本书结合文化产业的特点，根据统筹兼顾、增长潜力、比较优势、具体可操作性、动态性等原则，构建文化产业动态能力的评价指标体系，即确定文化产业学习吸收能力、战略转型能力、资源整合能力和变革创新能力4个一级指标，以及学习潜力、政府行为、产业关联、产业资源、产业规模、产业效益、研创能力7个二级指标和40个三级指标；并在充分分析多种综合评价方法的基础上，采用因子分析法，构建文化产业动态能力评价模型。

5. 结论之五：对江苏省文化产业动态能力进行实证

以江苏省为研究范本，进一步分析江苏省文化产业发展规模和速度、结构与效益，通过耦合协调度研判江苏文化产业发展过程中文化产业产业动态能力与江苏经济发展的耦合关系，剖析江苏省文化产业动态能力主要影响因素，总结过往江苏省文化产业动态能力的作用发挥和存在的不足。本书的研究重点则是构建江苏省文化产业动态能力评价体系，并根据第三次经济普查中涉及江苏省文化产业有关权威数据，对江苏省文化产业动态能力进行评价。江苏省文化产业的实证研究表明，笔者所建立的指标体系具有合理性，评价模型具有可行性和有效性，为文化产业的实践活动奠定理论基础。

6. 结论之六：提出针对江苏省文化产业动态能力提升的对策建议

本书认为：文化产业动态能力的提升，要整体与局部并举。从整体上看，一是文化产业发展需要利用文化产业整体发展优势，加快战略转型，促进融合创新发展；二是整合资源，推进集聚发展和形成文化资本；三是发挥政府引导支持作用，实现文化产业走出去；四是着力谋划调整文化产业财税政策；五是健全文化市场体系，进一步扩大文化消费。从局部来看，江苏省地区间文化产业发展存在较大差异，动态能力呈现"两头小、中间大"的橄榄型格局，文化产业动态能力中等的地级市占大部分。针对不同地级市文化产业发展形态，从局部来看，文化产业动态能力提升需要根据不同地区的地区禀赋特色，因地制宜地发展特色文化产业，切忌"一刀切"，避免文化产品和服务的同质化，促进文化产业的跨越式发展。本书针对江苏省范围内区分苏南、苏中、苏北三大区域，提出提升三大地区间文化产业动态能力的建议，即保持苏南地区文化产业整体优势，打造文化产业持续成长能力；充分利用苏中地区已有的资源优势，提高文化产业动态能力，促进文化产业优质、快速发展；大力促进苏北地区文化产业快速转型，加速地区经济持续发展。

第二节 有待进一步研究之处

本书基于动态能力理论，探讨了文化产业发展演进过程，以及文化产业动态能力的生成机理和内涵，构建文化产业动态能力评价体系，并进行了江苏省文化产业动态能力实证。由于自身知识结构和能力的有限，在一些方面还存在研究上的局限和不足，有待于在未来的研究中进一步地加以完善和提高。

1. 文化产业动态能力的构建与评价相对复杂，本书的研究只是从动态能力的角度为文化产业动态能力评价提供一个新的思路

由于各个地区的实际发展状况存在一定的差异，指标体系的通用性难以保证，加之 2012 年文化产业统计分类发生了变化，数据在过往年份间口径不一致，较难适用更为科学、先进的模型与方法演绎进而推论文化产业的发展。产业自身发展日新月异，本书所构建的指标体系可能

并不完全反映文化产业发展的新情况，评价的指标选取和评价方法上有待改进，从而能够更加客观、公正地反映文化产业发展。

2. 实证中数据采集存在一定的难度，一定程度上影响精度

由于有关文化产业的统计系统尚不完善，且2012年是我国文化产业统计历程中的一个分水岭，前后年份的统计口径存在差异。因此，本书主要针对2013年江苏省统计局第三次经济普查中所涉及到的文化产业数据进行收集计算加工，可能导致结果上有一定程度的偏差。

3. 近年来，随着研究的深入，贝叶斯评价模型在其他领域，如水污染评价、融资风险等领域的应用越来越广

相比于本书中提到的评价方法，贝叶斯模型在描述模型结构不确定性方面具有突出的优势，贝叶斯模型是基于贝叶斯概率公式进行推理的，通过概率方式表达模型结构的不确定性。因此，本书预期贝叶斯估计方法在文化产业动态能力分析方面的可行性较高，在未来的研究中，可以考虑在这方面进行突破。

参考文献

[1] 习近平. 习近平谈治国理政 [M]. 北京: 外文出版社, 2014.

[2] 中共中央关于深化文化体制改革推动社会主义文化大发展大繁荣若干重大问题的决定 [EB/OL]. 人民网, 2011 - 10 - 26.

[3] 党的十八届中央委员会向中国共产党第十九次全国代表大会的报告 [EB/OL]. 中国日报网, 2017 - 11 - 6.

[4] 中共中央宣传部. 以优秀文化为使命, 以创新发展为担当. [EB/OL]. 中国文明网, 2016 - 02 - 01.

[5] 顾江. 文化产业研究 [M]. 南京: 南京大学出版社, 2009.

[6] 何淼, 张鸿雁. 中国文化产业改革治理的创新突破点与行动逻辑——特色文化城市建构的产业转型视角 [J]. 南京社会科学, 2014 (8): 32 - 38.

[7] 胡惠林. 论文化创意产业的属性与运动规律 [J]. 上海交通大学学报 (哲学社会科学版), 2007 (4): 5 - 13.

[8] 厉无畏, 王慧敏. 创意产业促进经济增长方式转变 [J]. 中国工业经济, 2006 (11): 5 - 13.

[9] 胡惠林．关于我国文化产业发展战略研究的思考［J］．东岳论丛，2009（2）：5-12.

[10] 傅守祥．论全球化压力下的中国文化产业发展［J］．内蒙古社会科学（汉文版），2003（5）：1-5.

[11] 张毓强，杨晶．世界文化评估标准略论——以联合国教科文组织文化统计指标体系为例［J］．现代传播（中国传媒大学学报），2010（9）：25-30.

[12] 杨海平．数字内容产业运作机理与商业模式研究［J］．图书情报工作，2010（23）：5-5.

[13] 李晓玲，李会明．内容产业的产生及其影响［J］．现代国际关系，2003（5）：54-59.

[14] 苑捷．当代西方文化产业理论研究概述［J］．马克思主义与现实，2004（1）：98-105.

[15] 赵彦华．解析《文化及相关产业分类（2012）》及其对新闻出版业的影响［J］．国际新闻界，2012（11）：96-101.

[16] 金晔，毛美叶．基于动态能力的战略选择匹配关系［J］．浙江金融，2006（7）：56-60.

[17] 李彬，王凤彬，秦宇．动态能力如何影响组织操作常规？——一项双案例比较研究［J］．管理世界，2013（8）：136-188.

[18] 王建刚，吴洁，张青，施琴芬，张运华．动态能力研究的回顾与展望［J］．工业技术经济，2010（12）：124-130.

[19] 焦豪，魏江，崔瑜．企业动态能力构建路径分析：基于创业导向和组织学习的视角［J］．管理世界，2008（4）：91-106.

[20] 苏云霞，孙明贵．国外动态能力理论研究梳理及展望［J］．经济问题探索，2012（10）：172-180.

[21] 吴晓波，徐松屹，苗文斌. 西方动态能力理论述评 [J]. 国外社会科学，2006（2）：18-25.

[22] 郭立新. 企业动态能力系统演化的状态变量与影响因素 [J]. 科学学与科学技术管理，2008（6）：142-147.

[23] 王重鸣，杨建锋. 企业动态能力理论模型研究综述 [J]. 外国经济与管理，2007（10）：9-16.

[24] 龚一萍. 企业动态能力的度量及评价指标体系 [J]. 华东经济管理，2011（9）：150-154.

[25] 罗永泰，吴树桐. 企业资源整合过程中动态能力形成的关键路径分析 [J]. 北京工商大学学报，2009（3）：23-30.

[26] 李兴旺，高鸿雁，武斯琴. 动态能力理论的演进与发展：回顾及展望 [J]. 科学管理研究，2011（1）：92-96.

[27] 王核成，吴雪敏. 动态能力形成过程分析 [J]. 商业研究，2005（14）：37-40.

[28] 贺小刚，李新春，方海鹰. 动态能力的测量与功效：基于中国经验的实证研究 [J]. 管理世界，2006（3）：94-171.

[29] 吴伟伟，于渤，邓强，等. 技术管理能力对新产品开发绩效的影响路径识别——基于动态能力视角 [J]. 科学学与科学技术管理，2013（5）：106-114.

[30] 牟绍波. 论产业集群动态能力的培育和提升 [J]. 西华大学学报（哲学社会科学版），2005（12）：169-170.

[31] 冯华，黄凌鹤. 后危机时代国外文化产业发展的趋势、经验和启示 [J]. 当代世界与社会主义，2011（6）：32-35.

[32] 熊胜绪. 动态能力理论的战略管理思想及其理论基础探析 [J]. 企业经济，2011（6）：5-9.

［33］赵喜仓，范晓林．江苏省文化产业发展影响因素研究——基于区域的比较分析．中国经贸导刊［J］．2012（14）：9-11．

［34］王婧．中国文化产业经济贡献的影响因素．统计与决策［J］．2008（3）：111-113．

［35］周锦，闻雯．基于因子分析的我国文化产业发展评价［J］．华东经济管理，2012（2）：46-50．

［36］戴钰．湖南省文化产业集聚及其影响因素研究［J］．经济地理，2013（4）：116-118．

［37］章迪平．基于灰色关联分析的文化产业发展影响因素研究——以浙江省为例［J］．浙江工商大学学报，2013，120（3）：92-97．

［38］周莹，邓海云．基于MLR模型文化产业影响因素的实证分析——以安徽省为例［J］．2014（2）：48-52．

［39］王志球，汪治，余来文．深圳文化产业竞争力影响因素与提升途径［J］．商业时代，2008（8）：107．

［40］兰相洁，焦琳．文化产业财税支持政策的国际比较及启示［J］．中国财政，2012（15）：76-78．

［41］马衍伟．税收政策促进文化产业发展的国际比较［J］．涉外税务，2008（9）：34-37．

［42］吴庆华．国外文化产业财税政策借鉴与启示［J］．财会月刊，2010（5）：41-42．

［43］胡维友．基于SWOT-PEST分析的安徽数字出版产业发展探讨［J］．出版发行研究，2013（11）：63-65．

［44］金元浦，欧阳神州．互联网金融模式下文化中小企业的融资［J］．学习与探索，2014（6）：86-90．

[45] 徐二明，陈茵．基于知识转移理论模型的企业知识吸收能力构成维度研究［J］．经济与管理研究，2009（1）：108－113.

[46] 龚毅，谢恩．中外企业战略联盟知识转移效率的实证分析［J］．科学学研究，2005（4）：500－505.

[47] 陶锋．吸收能力、价值链类型与创新绩效——基于国际代工联盟知识溢出的视角［J］．中国工业经济，2011（1）：140－150.

[48] 刘景枝．默多克新闻集团的数字化战略内容及发展路径分析［J］．才智，2012（32）：318－319.

[49] 饶扬德．企业资源整合过程与能力分析［J］．工业技术经济，2006（9）：72－74.

[50] 陈奇佳．当前我国文化产业战略布局的忧思［J］．江苏行政学院学报，2013（3）：36－42.

[51] 董保宝，葛宝山．创新企业资源整合过程与动态能力关系研究［J］．科研管理，2012（2）：107－114.

[52] 葛宝山，董保宝．基于动态能力中介作用的资源开发过程与新创企业绩效关系研究［J］．管理学报，2009（4）：520－526.

[53] 顾乃华，夏杰长．我国主要城市文化产业竞争力比较研究［J］．商业经济与管理，2007（12）：52－68.

[54] 赵彦云，余毅，马文涛．中国文化产业竞争力评价和分析［J］．中国人民大学学报（人文社科版），2006（4）：72－82.

[55] 卿立新．论文化产业的核心竞争力［J］．求索，2006（3）：78－79.

[56] 程臻宇．文化产业前沿研究综述［J］．福建论坛（人文社会科学版），2011（8）：52－57.

[57] 徐萍．我国区域文化产业竞争力实证分析［J］．集团经济研

究，2006（11）．

[58] 叶丽君，李琳．我国区域文化产业竞争力评价与差异分析 [J] ．科技管理研究，2009（3）：94－97．

[59] 李雪茹．区域文化产业竞争力评价分析：基于 VRIO 模型的修正 [J] ．人文地理，2009（5）：76－80．

[60] 朱云，包哲万．我国公共文化服务市场化视阈下的政府规制研究 [J] ．世界经济与政治论坛，2013（3）：163－172．

[61] 朱云，周根红．以创新思维引领文化与科技融合发展 [J] ．群众，2016（2）：61－62．

[62] 朱云．高等学校文化产业科学实验科建设的策略研究 [J] ．中国成人教育，2012（12）：33－34．

[63] 王春萍，吴媚．西北地区人口—经济—环境耦合协调度评价——以甘肃庆阳为例 [J] ．青海社会科学，2012（5）：41－45．

[64] 王志刚．推进文化科技创新加强文化与科技融合 [J] ．求是，2012（2）：54－56．

[65] 朱云，沈勇，李麟．支持文化产业发展的财税政策探讨——以江苏省文化产业为例 [J] ．税务研究，2016（1）：106－110．

[66] 江苏省统计局．2013 年江苏省国民经济和社会发展统计公报 [J] ．统计科学与实践，2014（3）11－16．

[67] 杨东涛．江苏文化史论纲 [J] ．东南文化，1996（1）：16－22．

[68] 许辉．六朝文化与江苏文化大省建设 [J] ．江苏地方志，2003（3）：31－33．

[69] 李秀金，吴学丽．文化产业发展与税收政策选择 [J] ．税务研究，2010（7）：27－30．

[70] 李本贵. 促进文化产业发展的税收政策研究 [J]. 税务研究, 2010 (7)：9-13.

[71] 中共江苏省委宣传部, 江苏省统计局编. 2014 江苏文化及相关产业统计概 [M]. 南京：江苏人民出版社, 2015.

[72] 欧阳坚. 文化产业政策与文化产业发展研究 [M]. 北京：中国经济出版社, 2011：5.

[73] 阿多诺, 霍克海默. 启蒙的辩证法 [M]. 渠敬东, 曹卫东, 译. 重庆：重庆出版社, 1990.

[74] 大卫索斯比. 文化经济学-文化创意产业 [M]. 台北：典藏艺术家庭股份有限公司, 2003.

[75] 日下公人. 新文化产业论 [M]. 北京：东方出版社, 1989.

[76] 刘玉珠, 柳士法. 文化市场学 [M]. 上海：上海文艺出版社, 2004：13.

[77] 蔡尚伟, 温洪泉. 文化产业导论 [M]. 上海：复旦大学出版社, 2009：5.

[78] 金通. 产业集群动态能力：理论框架、评价体系与公共政策 [M]. 北京：中国社会科学出版社, 2012：37.

[79] 刘志彪, 安同良. 现代产业经济分析 [M]. 3 版. 南京：南京大学出版社, 2009：1.

[80] 邓安庆, 邓名瑛. 文化建设论——中国当代文化理念及其系统构建 [M]. 长沙：湖南人民出版社. 1998, 12.

[81] 赵子忠. 内容产业论：数字新媒体的核心 [M]. 北京：中国传媒大学出版社, 2005：31.

[82] 泰勒尔. 产业组织理论 [M]. 北京：中国人民大学出版社, 1997：16.

[83] 花建. 文化产业竞争力 [M]. 广州：广东人民出版社，2005：20 - 21.

[84] 迈克尔·波特. 国家竞争优势 [M]. 李明轩，译. 北京：中信出版社，2007 年.

[85] 余治国. 转型力@企业竞争力的转型策略 [M]. 北京：中国时代经济出版社，2006：20.

[86] [美] 安蒂思·潘罗斯. 企业成长理论 [M]. 上海：上海人民出版社，2007.

[87] 祁述裕. 中国文化产业国际竞争力报告 [M]. 北京：社会科学文献出版社，2001.

[88] 迈克尔·波特. 国家竞争优势 [M]. 北京：华夏出版社，2002.

[89] 胡永宏，贺思辉. 综合评价方法 [M]. 北京：科学出版社，2000.

[90] 余建英，何旭宏. 数据统计分析与 SPSS 应用 [M]. 北京：人民邮电出版社，2005：293 - 298.

[91] 郭亚军. 综合评价理论、方法及应用 [M]. 北京：科学出版社，2007：82 - 83.

[92] 何晓群. 现代统计分析方法与应用 [M]. 2 版. 北京：中国人民大学出版社，2007：350 - 363.

[93] 任彦申. 后知后觉 [M]. 南京：江苏人民出版社，2010：3 - 13.

[94] 中共南京市委宣传部. 南京文化发展报告 2015：深化文化体制改革 [M]. 北京：社会科学文献出版社，2015：95 - 100.

[95] 朱云. 我国数字出版产业发展新思路——基于动态能力理论

视阈的研究［M］．南京：江苏凤凰科学技术出版社，2017.

［96］吴结兵．基于企业网络结构与动态能力的产业集群竞争优势研究［D］．杭州：浙江大学，2006.

［97］郭南芸．基于动态能力的地方产业网络演进：理论与实证研究［D］．广州：暨南大学，2009.

［98］刘磊磊．基于竞合互动视角的企业动态能力形成及作用机制研究［D］．杭州：浙江大学，2008.

［99］孟晓斌．国际创业背景下中小企业组织动态能力及其绩效机制研究［D］．杭州：浙江大学，2008.

［100］吴倩．旅游社会企业动态能力评价指标体系构建与应用研究［D］．长沙：湖南大学，2014.

［101］刘小花．企业动态能力的结构模型及评价体系研究［D］．洛阳：河南科技大学，2011.

［102］胥家硕．动态能力、制度与企业绩效的关联性研究［D］．长春：吉林大学，2011.

［103］王颖．全球化背景下中国文化产业竞争力研究［D］．长春：吉林大学，2007.

［104］李蕾．打造优质高效的文化产业链［EB/OL］．中国文明网，2010 - 03 - 14.

［105］王宏伟．惊人一跃，江苏文化产业破茧成蝶［N］．新华日报，2015 - 02 - 17.

［106］单世联．中国文化产业：观察与反思［N］．文汇报，2013 - 04 - 08.

［107］SCHUMPETER J A. The Theory of Economic Development：An Inquiry into Profits, Capital, Credit, Interest, and the Business Cycle

[J]. Social Science Electronic Publishing, 1934, 25 (1): 90 – 91.

[108] TEECE D, PISANO G. The Dynamic Capabilities of Firms: An Introduction [J]. Industrial & Corporate Change, 1994, 3 (3): 537 – 556.

[109] WINTER S G, NELSON R R. An evolutionary theory of economic change [M]. Bosten: Belknap Press of Harvard University Press, 1982.

[110] SUBBANARASIMHA P N. Strategy in Turbulent Environments: The Role of Dynamic Competence [J]. Managerical and Decision Economics, 2001, 23 (7): 201 – 222.

[111] ZOLLO M, WINTER S G. Deliberate Learning and the Evolution of Dynamic Capabilities [J]. Organization Science 2002, 213 (3): 339 – 369.

[112] ZOTT C. Dynamic Capabilities and the Emergence of Intraindustry Differential Firm Performance: Insights from a Simulation Study [J]. Strategic Management Journal, 2003 (24): 97 – 125.

[113] VERONA G, RAVASI D. Unbundling Dynamic Capabilities: An Exploratory Study of Continuous Product Innovation [J]. Industrial and Corporate Change, 2003, 48 (2): 577 – 601.

[114] A A KING, C L TUCCI. Incumbent Entry into New market Niches: The Role of Experience and Mangerial Choice in the Creation of Dynamic Capabilities [J]. Managent Science, 2002, 12 (3): 171 – 213.

[115] ZYLBERZTAJN D, C A P M FILHO. Competitiveness of meat agri_ food chain in Brazil [J]. Supply Chain Management, 2003: 8 (12): 155.

[116] WOOTEN L P, CRANE P. Generating Dynamic Capabili-

ties. Through a Humanistic Work Ideology [J]. The American Behavioral Scientist, 2004, 47 (6): 848 – 876.

[117] TEECE D J, PISANO G, SHUEN A. Dynamic capabilities and strategic management [J]. Strategic Management Journal, 1997, 18 (7): 509 – 533.

[118] LUO Y. Dynamic Capabilities in International Expansion [J]. Journal of World Business, 2000, 35 (4): 355 – 378.

[119] BLYLER M, COFF R W. Dynamic capabilities, social capital, and rent appropriation: ties that split pies [J]. Strategic Management Journal, 2003, 24 (7): 677 – 686.

[120] LIPPMAN S A, RUMELT R P. Uncertain Imitability: An Analysis of Interfirm Differences in Efficiency under Competition [J]. InBell Journal of Economics, 1982, 13: 418.

[121] BARNEYJ B. Firm resources and sustainable competitive advantage [J]. Journal of Management, 1991, 17 (1): 99.

[122] EISENHARDT K M, MARTIN J A. Dynamic capabilities: What are they? [J]. Strategic Management Journal, 2001, 21 (10/11): 1105.

[123] ROSENBLOOM R S. Leadership, capabilities and technological change: the transformantion of NCR in the electronic era [J]. Strategic Management Journal, 2000, 21 (10 – 11): 1083.

[124] RINDOVA V P, KOTHA S. Continuous "morphing" [J]. Academy of Management Journal, 2001, 44 (6): 1263.

[125] YUSUF S, NABESHIMA K. Creative industries in East Asia [J]. Cities, 2005, (2): 109 – 122.

[126] MOWERY D C, OXLEY J E, SLIVERMAN B S. Strategic

Alliances and Interfirm Knowledge Transfer [J] . Strategic Management Journal, winter, 1996: 77 – 91.

[127] KIM L. Crisis Construction and Organizational Learning: Capability Building In Catching – up at Hyundai Motor [J] . Organization Science, 1998, 9 (4): 506 – 521.

[128] LANE P J, KOKA, BALAJI, et al. A Thematic Analysis and Critical Assessment of Absorptive Capacity Research [J] . Academy of Management, 2002 (1) .

[129] ZAHRA S A, GEORGE G. Absorptive Capacity: A Rewiew Reconceptualization and Extension [J] . Academy of Management Review, 2002, 27 (2): 185 – 203, 120.

[130] LANE P J, SALK J E, LYLES M A. Absorptive Capacity, Learning and Performance in International Joint Ventures [J] . Strategic Management Journal, 2001, 22 (12): 1139 – 1161.

[131] GARCÍA -MORALES V J, RUIZ-MORENO A, LLORENS - MONTES F J. Effect of Technology Absorptive Capacity and Technology Proactivity on Organizational Learning Innovation and Performance: An Empirical Examination [J] . Technology Analysis & Strategic Management, 2007, 19 (4): 527.

[132] MILLER D, FRIESEN P. Archetypes of Strategy Formulation [J]. Management Science, 1978 (24) .

[133] GREINER L E, BHAMBRI A. New CEO intervention and dynamics of deliberate strategic change [J] . Strategic Management Journal, 1989 (10) .

[134] GINSBERG A. Measuring and Modeling Changes in Strategy:

Theoretical Foundations and Empirical Direction ［J］. Strategic Management Journal, 1988 (9).

［135］YOKOTA R, MITSUHASHI H. Attributive Change in Top Management Teams as a Driver of Strategic Change ［J］. Asia Pacific J Manage, 2008 (25).

［136］EISENHARDT K M, MARTIN J A. Dynamic capabilities: what are they? ［J］. Strategic Management Journal, 2000, 21: 1105 –1121.

附录：江苏省文化产业动态能力指标体系指标数据值和采集来源

江苏省文化产业动态能力指标体系指标数据值和采集来源（一）

	南京	苏州	无锡	常州	镇江	扬州	数据采集来源
人均GDP（按常住人口算）（元）	98010.50257	123209.4417	124639.9675	92994.7642	92633.04351	72774.66467	江苏省统计局
人均可支配收入（元）	38531	42748	38999	36611	32977	28145	江苏省统计局
人均文化消费支出（元）	4683	4889	3896	3929	3263	3280	江苏省统计局
人均文化消费占总消费比重	19%	18%	15%	17%	16%	19%	江苏省统计局
每百人平均订阅报刊量（份/百人）	20.67	17.04	26.42	24.30	18.13	16.03	江苏省统计局
新颁布的有关文化产业的法规数量	9	9	5	6	3	2	法律图书馆
文化行政主管部门数量	12	11	10	8	7	7	江苏省文化厅
政府公共财政预算支出中文体娱支出（亿元）	27.80	26.73	19.33	6.73	5.65	3.69	江苏省统计局

232

续表

	南京	苏州	无锡	常州	镇江	扬州	数据采集来源
第三产业生产总值（亿）	4356.56	5951.62	3714.22	1972.014241	1248.88	1333.861439	江苏省统计局
公共教育经费占地区 GDP 的比重	1.57%	1.50%	1.50%	1.52%	1.70%	1.75%	江苏省统计局
移动电话用户（万户）	992.2722826	1474.470529	815.1597504	523.0733221	318.4319513	430.2306972	江苏省统计局
互联网宽带接入用户（万户）	214.9535	273.423	143.7424	107.7621	59.8269	77.2429	江苏省统计局
国内旅游人（亿元）	1317.476568	1419.091954	1100.395397	557.385035	474.527521	454.422218	江苏省统计局
旅游外汇收入（万美元）	40062.87	135686.71	26985.2	7590.24	3129.54	3711.43	江苏省统计局
年均接待外地游客人数比	10.65715675	9.037541286	10.84605188	9.45569186	12.31650818	8.881741163	江苏省统计局
文化产业所有者权益本期（千元）	91477053	103349791	44076797	43349093	33600950	12018199	江苏省统计局
文化产业固定资产本期合计（千元）	27261773	58663295	24770544	30402355	15814388	10088881	江苏省统计局
文化产业从业人员期末人数（人）	142834	249251	119046	137080	39443	47425	江苏省统计局
文体娱金融机构本外币贷款年末余额（亿）	70.52	106.33	15.34	39.50	8.23	2.20	江苏省统计局
全国及省重点文物保护单位数	158	148	77	50	46	56	江苏省统计局
公共图书馆、博物馆、艺术表演团体、文化馆、文化站机构数	185	175	162	102	90	115	江苏省文化厅

续表

	南京	苏州	无锡	常州	镇江	扬州	数据采集来源
博物馆文物机构藏品数	903864	632786	227445	460971	125212	168754	江苏省文化厅
图书报纸期刊出版单位数	375	40	31	26	22	22	江苏省新闻出版局
报刊期发数（万份）	168.7244	179.7861	170.825	113.8891	57.2037	71.5937	江苏省统计局
有线电视入户率	102.810381	112.5285461	102.3285387	98.31606338	97.13523377	82.85839831	江苏省广电总局
文化产业增加值（亿元）	382.421877	402.9105635	190.4147347	211.026574	81.4867297	78.89542338	江苏省统计局
文化产业总产值（千元）	141522507	196875699	96687618	77226269	38285827	40406687	江苏省统计局
文化产业固定资产产出率（=文化产业增加值/文化产业固定资产额）	140.2851486	68.68188422	76.87143841	69.41125909	51.52695741	78.20037067	江苏省统计局
地区文化产业全员劳动生产率（=地区文化产业增加值/地区文化产业从业人数）（万元）	26.77529074	16.16485244	15.99505525	15.39441012	20.65936407	16.63582992	江苏省统计局
文化产业经济贡献（=文化产业增加值/GDP）	4.77%	3.09%	2.36%	4.84%	2.78%	2.43%	江苏省统计局
文化企业主营业务利润率	19.05%	14.86%	13.98%	18.83%	16.19%	10.43%	江苏省统计局
专利申请受理量（件）	55094	68537	57748	33827	13253	12517	江苏省统计局
高等学校在校学生数（万人）	80.75	14.82	9.68	10.63	8.31	7.64	江苏省统计局

注：本表不含票据融资、非银行金融机构的委托贷款数据，含外资银行数据。

江苏省文化产业动态能力指标体系指标数据值和采集来源（二）

	南通	泰州	徐州	连云港	宿迁	淮安	盐城	数据采集来源
人均 GDP（按常住人口计算）（元）	69049.42612	64917.40183	51714.28195	40416.078	35484.31127	44774.15668	48150.08393	江苏省统计局
人均可支配收入（元）	31059	29112	23770	22985	18846	23107	24119	江苏省统计局
人均文化消费支出（元）	3357	3104	2543	2265	2365	3230	2928	江苏省统计局
人均文化消费占总消费比重	17%	17%	16%	16%	18%	19%	18%	江苏省统计局
每百人平均订阅报刊量（份/百人）	16.27	16.63	8.55	7.88	7.31	12.40	11.59	江苏省统计局
新颁布的有关文化产业的法规数量	1	3	1	2	0	1	1	法律图书馆
文化行政主管部门数量	9	7	11	8	10	9	6	江苏省文化厅
政府公共财政预算支出中文体娱支出（亿元）	12.57	8.13	6.02	4.61	5.77	5.08	10.82	江苏省统计局
第三产业生产总值（亿）	2069.976029	1226.95	1885.12	718.83	655.6655697	900.13	1350.34	江苏省统计局
公共教育经费占地区 GDP 的比重	2.63%	1.90%	2.74%	3.54%	3.98%	3.39%	3.01%	江苏省统计局
移动电话用户（万户）	641.8741154	379.9964945	727.1846574	352.4975718	366.888259	357.8534662	562.0185735	江苏省统计局
互联网宽带接入用户（万户）	121.7602	73.7295	102.9198	63.5855	51.3263	53.6186	87.4545	江苏省统计局

续表

	南通	泰州	徐州	连云港	宿迁	淮安	盐城	数据采集来源
国内旅游收入（亿元）	348.160146	186.18569	360.473868	257.250264	98.472873	200.117903	166.088803	江苏省统计局
旅游外汇收入（万美元）	11195.84	1990.16	2192.62	1668.38	354.96	887.64	2533.32	江苏省统计局
年均接待外地游客人数比	3.751448127	3.545801467	3.596478757	4.829060362	2.080036314	3.800071474	2.433536663	江苏省统计局
文化产业所有者权益本期（千元）	23555445	4967568	8848843	3619799	8130642	5379120	8817382	江苏省统计局
文化产业固定资产本期合计（千元）	17191433	4301517	6065684	3936734	4999073	4364124	10370284	江苏省统计局
文化产业业业人员期末人数（人）	90712	20469	25331	20849	37228	32961	45655	江苏省统计局
文体娱金融机构本币贷款年末余额（亿）	11.23	0.55	2.23	1.92	3.92	1.59	4.21	江苏省统计局
全国及省重点文物保护单位数	28	32	33	33	11	28	19	江苏省统计局
公共图书馆、博物馆、艺术表演团体、文化馆、文化站机构数	148	133	205	121	135	167	168	江苏省文化厅
博物馆文物馆藏品数	335197	84302	173832	41222	6533	68066	55142	江苏省文化厅
图书报纸期刊出版单位数	16	7	29	11	3	10	11	江苏省新闻出版局

236

续表

	南通	泰州	徐州	连云港	宿迁	淮安	盐城	数据采集来源
报刊期发数（万份）	118.7236	76.9811	73.1871	34.7087	35.0631	59.5508	83.6225	江苏省统计局
有线电视入户率	94.27381185	93.72569179	98.41927834	72.97972537	87.68025101	84.58397949	69.58811098	江苏省广电总局
文化产业增加值（亿元）	140.6421	38.94536138	50.8532681	40.73117735	50.32235354	60.04952619	71.47991436	江苏省统计局
文化产业总产值（千元）	66667487	17733749	19536910	18135108	21480204	27322009	33861341	江苏省统计局
文化产业固定资产产出率（=文化产业增加值/文化产业固定资产额）	81.80941052	90.53866667	83.83764816	103.4643879	100.6633701	137.5981209	68.92763435	江苏省统计局
地区文化产业全员劳动生产率（=地区文化产业增加值/地区文化产业从业人数）（万元）	15.5042442	19.02650905	20.07550752	19.53627385	13.51734005	18.2183569	15.65653584	江苏省统计局
文化产业经济贡献（=文化产业增加值/GDP）	2.79%	1.29%	1.14%	2.28%	2.94%	2.78%	2.06%	江苏省统计局
文化企业主营业务利润率	12.70%	15.32%	18.00%	15.43%	15.78%	11.51%	15.06%	江苏省统计局
专利申请受理量（件）	23116	9285	13752	3813	1900	6130	4075	江苏省统计局
高等学校在校学生数（万人）	8.55	4.91	13.63	3.76	1.75	6.69	5.49	江苏省统计局

注：本表不含票据融资、非银行金融机构的委托贷款数据，含外资银行数据。

237